2018 年度教育部人文社会科学研究专项任务项目（项目编号：18JD710090）
河南省政府决策研究招标课题（项目编号：2017B246）
资助

新时代农村土地制度研究

王 舟 著

北 京
冶 金 工 业 出 版 社
2018

内容简介

全书共分6章。主要内容包括：农村土地制度研究文献综述，国内外农村土地制度发展比较分析，现行农村土地制度多维度分析，新时代农村土地承包制度的法律探索，新时代农村土地制度的理论探索，基于城乡一体化发展视域的农村土地制度的研究。

本书可供从事社会科学研究和农村工作的有关人员阅读，也可供高等院校相关专业师生参考。

图书在版编目（CIP）数据

新时代农村土地制度研究／王冉著．—北京：冶金工业出版社，2018.12

ISBN 978-7-5024-8026-4

Ⅰ.①新…　Ⅱ.①王…　Ⅲ.①农村—土地制度—研究—中国　Ⅳ.①F321.1

中国版本图书馆CIP数据核字（2019）第002140号

出版人　谭学余

地　址　北京市东城区嵩祝院北巷39号　邮编　100009　电话　(010)64027926

网　址　www.cnmip.com.cn　电子信箱　yjcbs@cnmip.com.cn

责任编辑　贾怡雯　俞跃春　美术编辑　郑小利　版式设计　郑小利　孙跃红

责任校对　郭惠兰　责任印制　李玉山

ISBN 978-7-5024-8026-4

冶金工业出版社出版发行；各地新华书店经销；北京建宏印刷有限公司印刷

2018年12月第1版，2018年12月第1次印刷

169mm×239mm；9.25印张；179千字；140页

68.00元

冶金工业出版社　投稿电话　(010) 64027932　投稿信箱　tougao@cnmip.com.cn

冶金工业出版社营销中心　电话　(010) 64044283　传真　(010) 64027893

冶金工业出版社天猫旗舰店　yjgycbs.tmall.com

（本书如有印装质量问题，本社营销中心负责退换）

前　言

2018年全国国土资源工作会议在北京召开，深入学习贯彻党的十九大精神，全面落实中央经济工作会议和农村工作会议的部署，总结农村社会转型，尤其是工业化、城镇化的快速推进，农地流转和大量被征不可避免。现行土地制度存在的一些缺陷在某种程度制约着农村经济社会的发展，并可能会损害农民土地利益，这将诱致农村土地制度再次变革和土地利益关系重构。

结合新时代发展来看，我国农村土地主要涉及两大核心问题：一是农用地的保护和高效利用问题；二是农村集体建设用地的市场化问题。前者关系我国粮食产量、新型农业经营体系建设、农民收入；后者主要涉及城乡一体化、土地市场建设及农民利益。

本书是在总结新时代农村土地“三权分置”产权重构研究项目的基础上编写而成的，有以下两个特点：

第一，学术性强。作者对农村土地制度研究文献做过细致搜集、梳理和研究工作，下过扎扎实实的工夫深入研究与分析。

第二，可读性强，选材广泛，内容丰富。本书吸收和借鉴了国内外农村土地制度，试图从新时代视角，以通俗的语言，精准的描述，论述农村土地制度。

本书内容所涉及的研究得到了2018年度教育部人文社会科学研究专项任务项目（中国特色社会主义理论体系研究）：新时代农村土地“三权分置”产权重构研究（项目编号18JD710090），河南省政府决策研究招标课题：河南省农村集体土地“三权分置”产权重构研究（项目编号2017B246）的资助，在此表示衷心的感谢。

由于作者水平所限，书中不妥之处，希望读者予以批评指正。

作　者

2018年5月

目　录

1

农村土地制度研究文献综述

作为一种管理制度，土地产权制度是社会各层级以自身利益最大化为目的，经过多次土地改革的磨合最终形成的。本章综合整理了发达国家农村土地制度研究文献和我国农村土地制度研究文献。

1.1 发达国家农村土地制度研究文献综述

当今社会，欧美学术界关于经济制度的研究主要涉及两大领域：一是制度经济学；二是比较经济体制学。其中，制度经济学指新、旧制度经济学。新制度的代表是诺思、科斯；旧制度的代表是凡勃伦、康芒斯。此外，新制度经济学还提出了制度变迁的观点，这个理论在很大程度上推动了我国土地改革制度。

欧洲学者针对当代土地制度的研究始于 20 世纪前 20 年。其中，曾为美国经济学发展做出突出贡献，同时也是土地经济学的提出者——伊利（Ely），在同时期发布了自己的研究著作——《土地经济学原理》。该部经济学著作对理论界影响极大，发布后不久就在经济学中增设了相关研究领域。到了 20 世纪 40 年代中期，伊利的学生拉特克利夫（Radcliffe）又发布了关于该领域的研究著作——《城市土地经济学》，其在书中用多种方法探究了城市土地政策的施行，最终成为该领域的学术先驱。

进入 20 世纪 80 年代后，拉特克利夫的弟子也发布了一部关于城市经济学研究的书籍，值得关注的是，其对土地政策和住房政策的论述，令学术界找到了新的研究方向。而回到 20 世纪 50 年代后期，当时的美国土地资源研究方面的著名专家巴洛维发布了《土地资源经济学》一书，第一次将古典经济学与资源经济学相结合进行分析，并尝试从不同角度解析土地政策中的经济学问题。

1960~1970 年期间，美国耶鲁大学出版社和加州出版社先后出版发行了《公共土地政策史》和《19 世纪美国土地政策经济学》，这两本书在之后的一段时间里奠定了土地改革的基石。

1980 年，德国学者瓦德钦对前 20 年间的各类社会主义土地问题进行了详细研究，最后完成《欧洲共产主义土地政策》的创作。这本书首次对共产党领导的土地改革制度进行研究。同时，一本名叫《政策研究百科全书》的经济学学术图书，也给出了土地使用政策的定义。随后几年，法国学家汲取了德国重建的经验，由戈伊埃等人编写了《法国四十年的土地政策》，这本书从不同的视角分析了第二次世界大战后法国土地的政策演变，是为了让全球了解法国土地改革的变化。

联合国官员威尔金森经过考察，写出了《立法在发展中国家土地利用规划中的作用》报告。他在报告里详尽介绍了农村土地政策以及相关管理问题。

1.2 我国农村土地制度研究文献综述

从时间角度进行分析，农村土地制度具有典型的特征。从内容上分析，证实农村土地制度实行的效果。从研究上来看，是农村市场经济保障的有效方式。从视角上来看，土地制度则包含了多种学科的特点。在研究土地制度的时候，不但要准确把握住它的特征，还要厘清事物的基本规律。尽管在进行研究的时候存在困难，但是仍然可以通过横向、纵向两个方向摸清基本的链路规律。纵向指的是阶段性演变；横向指的是不同时代不同的认识。

从纵向来看，中华人民共和国成立后，中国土地制度大致分为三个阶段：

第一阶段，1949~1951 年，废除封建制度，没收地主私有土地；1950 年左右，渐渐将农村私有制变为集体所有制；改革开放后，则以家庭为单位进行经营。

站在另外一个角度来看，我国很少有专家从事土地制度的研究，也没有专业的著作，通常能看到的就是综合普查之类以及开展的讨论。

第二阶段，国内学者只是研究政策问题。改革开放后，国内开始对此有了比较系统的研究，大多分为两类：一类是以西方理论为基础进行的研究；另一类是以国内农业生产现状进行的分析。

第三阶段，学术界已经开始飞速推动农村土地研究。大量的学者涌入这个学术领域，从一定程度上延伸了研究视角，加深了研究内容，创新了研究方法。此外，他们还将理论与实践完美结合，将研究与探讨推向高潮，并一直向深度、广度发展。

通过研究，他们提出了许多个人观点，从某种程度上丰富了中国的土地改革理论。

2 国内外农村土地制度发展比较分析

在农村土地制度上，美国从最初的公有制逐渐转变成为目前的私有制。在哥伦布发现美洲大陆之前，这块土地保持着原始社会状态，只有印第安人生活在这片幅员辽阔的共有土地上。1492 年，意大利航海家哥伦布发现了这片美丽的土地，彻底打破了这里安逸静谧的生活。他的发现让很多殖民者露出了贪婪掠夺的目光。荷兰、法国、西班牙、英国等国家在这片土地上巧取豪夺，擅自划分属于自己的领域，还将掠夺的土地根据不同的条件授权给个人或者公司。随着时间的推移，英国的势力越来越强大，最终成为这片土地的霸主。17 世纪，英国设置了 13 处殖民地，从大西洋沿岸一直延伸到阿巴拉契亚山。这 13 处殖民地就是美国独立时的 13 个州。

2.1 欧美日发达国家和地区农村土地制度发展解析

2.1.1 英国农村土地制度的发展

英国的土地制度在历史的发展过程中，一共经历了四个发展阶段：初级阶段、转折阶段、兴盛阶段和稳定阶段。这四个阶段有自身发展的规律特征。国有与私有身份关系的确立引发了土地制度的彻底革新。等级所有制促进了土地关系的发展。土地商品化促使土地制度纵向展开发展。我们从土地所有权的发展过程也能够看出土地制度的改革方向。我国的土地制度发展方向可以借鉴英国土地制度的发展，吸取其积极有益的因素。

英国法律的立法形式和大陆法系相比，更看重以往的经验。这也就是说英国土地法的创建来源不是理论知识，而是借助不断积累的现实经验。大多数的专家从这个角度开始深入研究，以英国土地法的发展为研究对象，整合发展过程中的历史背景，从中不断汲取经验。

2.1.1.1 英国土地制度发展的初级阶段

11 世纪英国的土地制度得以形成。英国到了中世纪还没有明确的法律规定土地权利。学者科里认为，土地所有权从法律层面上讲根本不存在。这是因为所有土地都归国王所有，每个人所拥有的只是因土地延伸出来的财富，而并不是土地本身。所以，个人拥有土地就是拥有了土地所创造的财富。英国在诺曼底征服时期，产生“国王”不能侵占个人财产，只能占据公共财产的观念。总体来说，与英国土地相关的法律都和英国的建构和权利特点密不可分。和欧洲其他国家一样，12 世纪教皇开始管理英国。然而此时的英国还处于不断整合的阶段，各属地如丹麦、威塞克斯、麦喜亚等地区还在使用自己的法律，还不能完全遵从至高无上的王权。国王不能随便发布法令，要经过贵族或者教皇许可之后才可以昭告天下。这时候，专门的司法部门还没有设立。在 11 世纪到 12 世纪的 100 多年时间内，国王仅颁布了十几项法律。英国早期的土地法律没有任何体系，内容也非常少，不能适应当时社会经济发展状况。

2.1.1.2 英国土地制度发展的转折阶段

12~16 世纪，英国与土地有关的制度、法律发生很大变化，从“国有”向“私有”进行转变，并随之产生了流转问题。

A. 从“国有”到“私有”

从 11 世纪起近乎 600 年间，英国的土地逐渐成为“私有”，改变以往“国(王)有”的土地局面。早在公爵威廉占据英国建立王权起到诺曼底侵占王权，国王制度就一直盛行。当时的英国以诺曼法为主要法律，构建起一整套封建体系。国王将土地紧紧控制在自己手里。威廉国王以此为改革基础，承认部分土地可以私有化，并以按照骑士的资格分封土地，同时限制这些分封土地的使用权限。

14~15 世纪，英国大规模发展圈地运动。圈地运动让土地的使用方式被彻底改变。农业改进更合适被圈起来的农场。整体效益和劳作效率有了大幅度提升，如南密德兰地区的改变更加明显。圈地运动使租金大大提高，重新分配了原地主与农场主之间的利益比例。很多专家认为不断提高的租金从侧面反映出，当时英国的农业产出效率在不断提升。

然而，学者罗伯特·奥兰并不认可这种说法。不管专家们的观点如何，不断私有化发展的土地制度使生产力得到解放，从而使生产力和生产效率得到提升。

B. 土地私有权的实现

英国的土地分封制度之所以会消失殆尽，是在各种原因和力量共同作用下完成的，最显著的原因就是教会资产、经济巨变、王权变迁、圈地运动、王室土地流转等。贵族早期虽然拥有大量土地，但他们只不过拥有使用权利而并非是土地，在法律意义上土地还是属于国王的。这一点早在威廉推行分封制，并依靠建立法律处理土地权利和限制土地收益的时候就已经明确了。

国王始终控制着土地。随着时代的变迁，英国爆发了资产阶级革命。在此之前亨利八世掌握英国的权利，他颁布多条与土地有关的法律。一方面想尽各种办法限制土地的种种权利，另一方面涉及大量的宗族教会土地。封建王朝手里掌握着土地，使土地的所有权和使用权得以统一。17 世纪中期，各种制度被逐渐废除，如监护法庭（保护国王土地权利）、骑士土地分封制度，国王彻底丧失了对于土地的控制权。新建的法律将控制土地的权利赋予了资产阶级和新贵族，英国至此彻底改革了土地制度。

C. 流转权利

英国的农业变革深受土地买卖规定的影响，这也为封建农业社会稳步过渡到资本主义农业带来积极的启发和借鉴，为构建土地流转制度打下坚实基础，成为英国历史上浓墨重彩的一笔。变革的最本质原因在于土地私有化。国家法律大力保护和支持土地流转。

王权无法紧紧控制土地，土地的政治属性也逐渐被削弱。以此为前提的物质经济基础不再稳固，王权力量不再强大，反之议会力量逐渐崛起，为发展君主立宪制奠定了坚实的基础。议会于数十年后借助革命的形式掌握国家权力。议会颁布强制性法律，重新调整土地的权利。19 世纪，带有公有属性的敞田制彻底消失，土地彻底私有化，深刻影响了土地流转，给资本主义的农业发展带来有利条件。自此之后，土地与人身、政治之间的关系断裂，重新恢复经济特性，激发了社会的热情，迅速积累了大量的资本。

2.1.1.3 英国土地制度发展的兴盛阶段

英国土地制度飞速发展，19 世纪开始进入一个新的发展阶段。土地转让极大促进了土地制度的私有化，让该阶段的土地制度发展到了兴盛阶段。

l920 年左右，一个比较综合的法律模式被提出。詹姆斯 · 汉弗莱斯批评了英国原有的土地不动产法，并提出了一些超前的想法。詹姆斯 · 汉弗莱斯的法案给予英国土地所有者更多的权利，也更好地保护了他们的土地。英国依据六项法令提出，分别是 1833 年颁布的继承法令、1833 年颁布有关土地租赁的法令、1833 年颁布关于物品所有权投诉的法令、1833 年颁布的关于遗孀继承的法令、1837 年颁布的遗嘱法令和 1848 年颁布的物品所有权法令。这些资本主义的土地法令强调了土地产权的绝对性，是英国土地产权的绝对财产权的关键点。

1850 年，英国法律开始推行土地管理权制度，积极维护佃户管理土地的权利。1864 年颁布的“土地改进法”，有效地保护了终生佃户改造土地的权利。在 1856 年和 1857 两年间，英国法律重新制约终身佃户割让、出租、出售土地的权利。1877 年，英国法律明文规定，佃户认领租种土地的最高年限是 21 年，授予财产的人有权利限制终生佃户。1882 年，土地法律赋予了终身佃户更多有利的权利，但佃户的使用权不在法律的管辖范围内。英国土地产权制度的发展基础是私有制，主要是由土地保有权和土地所有权共同构成。英国法律对土地私有化有详细规定。英国市场和英国文化影响了土地私有制的形成。英国政府主要靠私有制管理土地。

2.1.1.4 英国土地制度发展稳定阶段

到了20世纪以后英国资本主义开始飞速发展，其土地所有权归属和使用权利也不再像以前一样，个人经营土地的趋势越来越明显。经营土地的佃户越来越少，土地的规模化发展越来越强。英国的土地制度已经进入稳定发展阶段。

2.1.2 美国农村土地制度的发展

2.1.2.1 农村土地产权制度的演变

按照殖民地的自然条件和其他情况的差异，英国殖民地的土地所有制制度大体上可以分为三种类型。北美殖民地北部区域的土地归属于业主组织的集团。集团给每户居民划拨30英亩的土地，但是仅限于自己所属区域的居民，也就是私田。英国北部殖民地的牧场、森林、土地、荒地都归属于公共资源，也就是公地。相比较耕农性质的小土地所有制，北部地区大地产所有制的范围更宽泛。有两种形式的土地所有制度存在于殖民地的中部地区，分别是大产地土地类型和小产地土地类型。大地产这种土地类型是荷兰人发明的，英国殖民之后便被英国国王作为奖赏重新分配给贵族地主。因此有的地主在土地上创建奢靡的大庄园，奴役着契约奴隶或者黑人奴隶；有的地主分租给自由移民以获取丰厚的租金。另外，移民可以利用未被占用的土地发展小农经济。南部地区的核心经济制度依托于贵族或者富商掌握下的奴隶种植园，这是南部经济发展的重要力量。

这种封建殖民统治伴随着美国独立战争的胜利而结束。这也让美国叩开了资本主义的大门。美国政府在独立战争中就开始收回亲英派贵族的领地。战争结束后，美国政府将这些土地划分给农民，还有部分土地成为商人的财产。至此，个体的农民私有制度已经成功替换原有封建性质的土地所有制度。

2.1.2.2 现代农村土地产权制度

美国拥有世界上最自由的土地制度。欧美移民的土地私有制度被美国拿来使用。在美国，地上空间权、地下权、地面权是各自独立存在的，能够各自进行转让出卖，这三部分权利也构成美国的土地所有权。美国政府不得随意侵占私人领域的土地。当然，土地所有人可以在自愿的基础上，和政府进行开发权的交换。只有经过土地所有人的授权，政府才有权利在私有土地上开始建设各种工程。政府负责建设国家的基础设施（如学校、道路等），开发商负责提供修建宅基地所必需的建设资金，这样就使开发私有土地的成本在极大程度上被降低，富余的资金便可以流向其他土地的建设中，使土地的供应量得到增加，并有效降低土地开发的成本。

警察权（police power）与有偿征地（eminent domain or Condemnation）是目前美国最基本的两种征地方式。警察权征地可以为更多公民提供有力保障，为公民提供更多的社会福利，保障社会健康发展。分割土地、健康建筑、异地请求和划区是获取私人土地的方法。这种方法带有国家强制性质，对土地进行无偿使用，所以要有严格的法律进行监控，而且只能在部分情况下可以使用。有偿征地法是政府要依据相关法律，在征用私人土地时提供一定程度的土地补偿。美国宪法对此制定了三条规定，即补偿公平、程序合法、土地被征用后公用。在征用过程中，政府也要严格遵守每个步骤。

美国的房地产市场由于发展早，现在已经非常成熟，相关制度也非常完善。目前，美国差不多所有的土地都可以使用有偿征地法。公民能在政策的允许范围之内自由租赁、抵押或交易土地。政府要将所有的土地登记在案，进行合理的规范。政府虽然可以引导私用土地交易，但是不能够干涉具体的土地交易。美国的土地交易非常简单，公民只要在平等自愿的前提下，按照法律的要求向政府缴纳足够的税金，就可以进行登记交易了。双方根据市场行情约定具体的交易价格。部分交易会借助第三方，如专业的土地评估与双方洽谈，妥善协商后即可进行登记交易。

2.1.3 日本农村土地制度的发展

在现代化进程中，日本成为世界上土地利用最为合理的国家之一。日本不仅能很好地保护农地，还可以有效地使用耕地。从历史上看，日本经历了多次重大社会改革，其中土地制度的发展变化也是社会改革的重要内容。自第二次世界大战结束之后，日本本土经济发展陷入瘫痪，农业产值也趋近于零。盟军总司令部在日本大力推行农地改革，日本也借此机会陆续出台了《土地改良法》《农地法》等一系列法律，规范和指导了日本的土地生产情况。事实证明，日本出台的一系列土地制度全面推动了日本农业经济的快速发展，明确了日本农业生产的发展方向。

2.1.3.1 健全当代日本农村基本土地制度

A 以保护耕作者利益为根本目标

a 第一次农地改革

第二次世界大战结束之后，日本民众迅速投入国家建设，紧紧抓住历史机遇进行土地改革。1945 年，日本政府制定了《农地制度改革纲要》，但并没有在全国实施；到同年 12 月，盟军总司令部对日本政府下达了《关于农地改革的备忘录》，要求日本务必在 1946 年 3 月 15 日之前提出较为完善的农地改革规划，并作出如下要求：第一，因特殊原因不能经营土地的地主依法转让土地所有权；第二，佃农可以结合实际，以合理的购价获得土地所有权；第三，佃农用与土地正常利润收入相适应的年赋购买土地；第四，政府保护获得土地所有权的佃农身份。自此以后，日本的土地改革法迅速在全国推行，第一次土地改革正式开始。

第二次世界大战后，日本在第一次农地改革中颁布《改订农地调整法》明确规定：（1）在乡地主（居住于相邻村的地主）的土地所有面积为5町步（北海道为12町步）。其余土地全部由政府购买，并有偿分给农民。（2）涉及土地的买卖行为和转让行为都必须经过农会批准。（3）用货币支付地租。（4）各个行政区及市町村都成立专门的农地委员会，委员民主选举。后考虑实际将“用货币支付地租”改为“在双方协调下可以用等价值的实物交换”，将改革的土地面积由60%减少到30%，一定程度上保留了封建土地制度。

b　第二次土地改革

鉴于第一次土地改革并未在全国实施，日本不得不继续研究日本土地改革方案。1946年9月，日本结合自身发展实际，充分考虑英联邦土地改革相关建议，制定了《自耕农创设特别措施法》和《农地调整法改正法律案》，这标志着日本第二次土地改革正式启动。第二次土地改革具有以下几个特点：（1）地主的土地所有权减小至1町步，规定土地改革总面积应占到全部面积的4/5。（2）政府有权批准土地买卖，土地拥有人没有自行买卖土地的权利。（3）保有土地单位由家族同代多人变成个体。（4）规定土地最高租金，如规定水田最高租金是当年产值的1/5，旱田最高租金是当年产值的1/10；佃农可以建议减少地租。由此可见，第二次土地改革较为合理，最大化消除了封建土地残余，保护佃农基本利益，具有很强的实用性。

第二次土地改革实施后，日本的土地形势发生了巨大变化，最为明显的是自耕地和佃耕地比例发生调转。据数据显示，1945年日本自耕地占54%，佃耕地占46%，而仅仅过了5年，该比例就变成了90%和10%。从自耕农与佃耕农数量上来看，1945年的自耕农户数为172.9万户，到1950年达到了382.2万户，增长比例明显。相反，佃农户数占总人数的比例由28%减少到5%。这次的土地改革在很大程度上增加了自耕地和自耕农数量，日本土地逐步掌握在农民手中，土地管理模式的自耕形态初步呈现。

B　以农地管理制度为中心进行制度确立

农地改革有效地解决了第二次世界大战后13年的农业瘫痪状况，具有很强的指导意义。日本政府为了有效保护农地改革胜利果实，进一步规划农业发展方向，于1952年出台了《农地法》，明确规定了日本农地的管制措施和办法，强调政府应该保护耕种者基本利益不受侵害，使得日本农地得到了有序管理，充分激发了农民的生产积极性，促进了农村生产力的不断进步。《农地法》详细规定：（1）明确具有实用性的土地权限流转体制。要求土地所有权管理必须从严从细，政府相关部门全权负责农地转让、交易和重新设置问题，明确惩处机制。简单来说，土地所有者不得擅自买卖土地或转让土地，一切涉及农地权利转移的问题，必须请示当地农业委员会批准方可进行，对违反制度规定的农地操作行为，相关人员应该追究其法律责任。（2）强化土地用途管理。法律规定："对土地除耕作以外的使用获得农地所有权、租赁权时，必须获得相关农地管理部门审核批准，对违反者进行责任追究。"（3）严格农业用地的管理，杜绝出现非法将农业用地其他用途化，土地用途转移需经过各层部门核实批准。（4）佃耕地所有限制。土地所有人在异乡或者拥有规模大于法定规模的时候，当地行政部门有权实施强制征地，并将征地以一定价格分给其他村民，对满足规定要求的佃耕地，应该由官方出面实施征收以及交易。（5）优化土地租赁制度。法例清晰列明佃租定额货币上缴制度、减额请求权利和租佃合同细则等状况。（6）进一步优化未开垦管理。法律要求，对农户的未开垦地应该由政府完成征收工作。日本政府的《农地法》涵盖了农地所有制、农地利用和交易等各个领域，明确了对农地转移管制、转用管制、佃耕地管制等内容的处理，不断优化了土地管理机制，为日本政府的土地化管理进程提供了支持。《农地法》直接构成日本农地制度的核心。该法自出台以来，日本先后进行了六次修订，其功能不断完善，涉及范围不断扩大。1962 年《农地法》完成首次修订，在原有基础上增加了"农业生产法人"和"农地信托事业"两项内容，以更好地适应社会发展要求。

此次调整进一步完善了《农业基本法》相关规定，为《农协法》的制定提供了理论基础，优化了日本农地基本管理制度。但《农地法》里"管控"以及《农业基本法》里"自行运营""架构条例的大致方略"（1967 年）、《关于农业振兴地域法律》（1968 年）和《农业人养老金基金法》（1970 年）存在内容上的不协调情况，还需要进行调整和优化。因此，日本于 20 世纪 70 年代再一次调整《农地法》相关内容，调整依旧履行"管控"原则，按照真实状况设立松绑措施，以利于农田革新，新增加的"农田运营代理制"是进一步保障农地权利转换的主要举措之一。到了 20 世纪 80 年代，日本对《农地法》进行第三次修订，明确规定"佃租定额货币缴纳制"可以采用"免予适用管制"：进一步明确土地所有者的基本权利，强调任何土地买卖、交易行为都必须通过相关部门的批准。

20 世纪 90 年代初期，日本对《农地法》进行第四次修订，紧随其后的就是《农业经营基础强化促进法》的修订。此次《农地法》修改的主要内容是优化产业结构，进一步放宽对农业法人基本条件的要求。日本在 1998 年对《农地法》进行第五次修订，本次修订的目的是全面优化农业用地他用基本流程，避免出现农地非法转用。这次修订对日本农地建设起到了一定指导意义，为次年《地方分权一揽子整理法》奠定了基础。

2000 年，日本对《农地法》进行第六次修订，这次主要修改了农业生产法人制度，并对土地权利转移管制和用途转移管制所涉及的土地面积做了弹性的规定。不过，这些修改都排除了以取得保存资产、投机为目的的农村权利的转移，也排除了不从事农业生产的个人、组织或法人取得农地权转移的可能。

C　以农地开发为目标的法律制度

目前，日本农地制度建设最重要的内容就是土地改良，它有效地结合日本基本形势，重点意义在于可以完备全国上下农业水利工程以及土地开垦，保障农业发展。1890 年，日本政府颁布《水利合作社条例》；1899 年出台《耕地整理法》；1902 年颁布《北海道土功合作社法》。截至第二次世界大战之前，这些法律制度都规范了日本土地经营模式，促进了日本土地优化发展。第二次世界大战之后，日本行政部门参考多种土地制度，出台了《土地改良法》。

《土地改良法》涵盖：（1）明确限定日本民众投身土地改良必须条件。《土地改良法》列明，日本公民欲要加入，就一定要作资格请求，得到超过 2/3 投票认可，方可获得“入场券”。（2）按照事实保持细化土地改良基础类别。具体而言，涵盖土地配备、运营管控、更新水利排污设备等常用基础设施的管理和修缮，建设农道，整理土地，开垦荒山，兴建水利，抗旱抗洪的农地或设施，完成土地买卖、交换，明确土地所有者权利，执行其他为改良项目准备的前提任务。（3）进一步明确土地改良的兴建单位。除了各地区、各生产基地的改良外，还包括国家或都道府县通过各种方式进行土地改良以及根据实际情况进行的其他改良等。日本的《土地改良法》已经先后完成 11 次修改，修改内容主要涉及增设土地改良方案、完善改良程序等。截至 2015 年 10 月，这项法律的修订次数在日本农地相关法律中是最多的，见证了日本土地改良的历程。

除《土地改良法》规定的土地改良基本情况外，一些特殊法人团体也进行了土地改良工作，比如“水利资源开发公团”。“公团”形式的土地改良具有以下特点：第一，“公团”资金有保障，可以援助和扶持土地改良工程；第二，“公团”运作速度和质量均较为理想，能够把几项土地改良与基础设备兴建等其他工作有效结合在一起，极大地节省了成本支出。鉴于这种情况，“公团”的土地改良效果较为明显，某种意义上说“公团”地位与政府同等，其土地改良工作也是法律所认可和支持的。所以，日本土地改良法律体系可以说是由《水利资源开发促进法》《森林开发公团法》和《土地改良法》共同构成的，它们一起规范了日本农地基本设施建设，促进了农业的迅速发展。这些法律还与《农地法》一起，构成日本农田体制的中心部分。

D　加快农业振兴、全面发展为主导的制度

a　农业架构体制优化

伴随日本社会以及经济快速发展，日本行业差距逐步明显，主要表现为农业和其他行业相比，在各个方面都存在较大差距：过多的农民无地可种，开始转向其他行业；农产品市场架构也出现天翻地覆的变化，固有农田体制俨然脱离社会实际所需。1961 年，日本颁布《农业基本法》，实施目的包括：第一，全面完善农地制度管理，提升生产效率，尽可能缩短行业差距；第二，努力改善农业劳动者生活水平，提升农民劳动收入。基本法的贯彻思想是鼓励农民扩大生产，培养其自主运营模式，促进农田转换。《农业基本法》中，和农业架构有关的条款为：深化拓宽农业规模，优化产业结构，开展多项规模经营，加快农业机械化进程，提高土地利用率，提升作物产量等。此外，日本还相继修订了《农地法》及《农协法》（1962 年），达到“首次农业架构优化”（1961 年）以及《改善农林渔业经营结构融资制度》（1963 年）等。

1967 年，农林水产省按照真实情况，主张实施“架构策略的基础方略”。详细条件涵盖：（1）促进农田转换效率的提升；（2）深化改革融资监管制度；（3）全面促进农户运营发展；（4）达成土地改良有关任务；（5）促进完备基本养老制度；（6）全面进行经营技术培育教育工作，加快农业机械化进程发展；（7）采取其他必要措施。为了更好地适应农业发展形势，日本再次进行法律修订。如为解决集资困难，1968 年改革《农林渔业金融公库法》以及出台《农振法》，两年后颁布《农协法》。

综上所述，日本不断完善法律旨在不断改善农业结构。

b　农地面积划分和发展制度

当前，随着社会经济的不断发展，建设用地所占规模越来越大，这无疑造成农地面积减少。为了限制建设用地盲目扩张，保护农民基本权益不受侵害，日本政府于 20 世纪 70 年代末在全国实施土地利用划分制度，其中以 1974 年制定的《国土利用计划法》最具代表性。日本政府出台的《农振法》是一部关于农业振兴的法律法规，最终目的是通过规划农业振兴地域保护农业用地不被侵占，进而促进农业的迅速发展。内容明确要求农业振兴区域的实施主体，应该深入落实振兴计划，结合自身优势进行农业发展，5 年内做好农村规划区域内农业振兴有关任务。

《农振法》明确规定：乡村应把地域基建作为重点，大力发展基础设施建设，优化农业结构，从而振兴农业发展项目，提高农民的生活水平。另外，法例中农业促进策略的田地兴建制度的目的就是优化市町村农业架构，计算工程成本。法例将重点放在指明农业架构制度的不断进步上。

为确保农村、乡镇的农业进步以及田地保护，1975 年，日本政府第一次对《农振法》进行修改。涉及内容包括：（1）根据实际增加基本设施用地具体规定；（2）做好“农振土地兴建策略”任务中，市町村田地权利流转和合一规划；（3）完备“指定使用权构建以及开发审核”。1984 年，《农振法》被再次进行修改，增设农村环境建设内容，进一步完善田地权益流转和合一体制，对“农业设备兴建”以及“排水设备维护”进行明确要求。1999 年，日本第三次修订《农振法》，增加农地区域变更标准，强调对农地的政策保护。

c　以振兴农业为核心的综合发展制度

《增进农用地利用法》是日本于1980年专门抽取《农振法》中相关规定，并对其展开衍生，而最终制定出的一项专项内容法律。具体有以下方面：首先在范围方面，专项内容法律提及的农地，利用增进范围指向是全国所有土地，取缔了《农振法》中土地范围限制；其次在内容方面，专项内容法律对《农振法》中权利的转移内容予以扩展，并新添包括"以田地拥有者主导的组织性行动，加快农业承包和提高土地使用效率"等多层次内涵；最后，在权利的转移范围方面，专项内容法律将"开发类及设施类用地""多种植被混种型林地"的权利转移，添入《农振法》所规定的农地使用权范围内。尽管该制度的推行，最初只基于农地流转的推动，然而最终实施下来，对农地的高效利用也形成很大的促进作用。

相比较而言，《农地法》和《增进农用地利用法》对农地的作用侧重不同，前者是使用的管制，后者是流转的促进，正因此，日本步入了"使用管制"和"流转促进"农地双制度时代。1989年，日本基于农地流转方向的明确，再度调整了《增进农用地利用法》中的相关内容，对农业结构的调整目标及经营规模的拓展计划，提出了制度化认证要求，并将其引入原有的制度中。日本农林水产省于1992年对外公布的题目是"新食品·农业·乡村条例新动态"的汇报里，指出农业架构、运营方略的未来动态是："基于同区域内，农业人和其他行业从业人每年的劳动时间和人均收入都可保持同等，应该确定一种可稳定进行大部分农业经营的有效'经营体'于农业结构之上。"

日本《增进农用地利用法》基于上述"经营体"的提出，不仅再度进行了内容调整，同时更名为《农促法》（全称为《农业经营基础强化促进法》，具体更改时间是1993年），再度大幅度改革了农地制度。《农促法》的全部规定可以分为以下五个方面：第一，对农业经营基础强化的基本方针及构想，分别由都道府县及市町村完成制定。第二，合法保有农地及法人。第三，对于农业的经营计划认证及认证后对应的农业人才的培养，有效"经营体"的构建，皆由市町村完成。第四，农业经营基础的促进，由市町村负责。第五，休耕地的保障举措。基于农业经营基础，《农促法》不仅对农地增进利用及流转的全部形式进行了明确规定及描述，还特别指明其支撑和强化开展的主体分别是都道府县和市町村；此外，该法对农业的经营计划认证及认证后对应的农业人才培养等，予以制度化的规定。日本的农地制度在《农促法》出现后，已然从"增进利用"旧阶段进阶至"强化经营基础"新阶段。日本的农地制度也正因如此将非耕种意图的农地获取权予以有效排除，实现了高质量农地于农业利用的完全化；此外，这种制度下的农地流转，全都在改良农地及扩展经营下进行，保证了农地的高效利用。

综上所述，作用发挥完全超过预期的日本农地制度，不仅获得了一致好评，而且被外界广泛认同。

2.1.3.2 明确农地生产的发展方向

A 必须保证结构科学化、体系完整化

日本农地从利用到保障，已然实现了制度化的构建。各种制度相互配合，致使农地制度不仅具备了科学化的结构，同时实现了体系的完整化。日本在农业、土地方面的立法非常完善，据统计一共超过130个：不仅有与农业直接相关的《基本法》《委员会法》《改良资金援助法》等；还有和土地相关的《农地法》《农促法》《土地改良法》《自耕农创设特别措施法》《农地调整法改正法律案》《增进农用地利用法》《地方分权法》等；以及《农振法》《农协法》《城市计划法》《特定农村山区法》《村落地域建设法》《市民农园建设法》《孤岛振兴法》《农村地区工业引进促进法》《食品，农业，农村基本法》等。

上述诸法织就了一张体系化的制度网格，由于制度和制度之间存在着部分重叠内容，从而衍生出部分子制度，基于子制度系统对制度的强化和补充，专门针对性地予以了立法支持。由于上述制度不仅有了通行的法律依据，同时做到了规范对象及条款的清晰明确，致使其实际操作非常容易展开。

当前日本，任何一种类型的农地、在任何时期内，都有对应的制度对其进行管理。可见，对于土地而言，保护要想做到有效，使用要想实现高效，根本在于内容完善、结构科学及体系完整的强大制度构建和支撑。就所拥有的农地资源特征而言，中日两国非常类似。所以，我国对于保护及使用农地方面，可借鉴日本相关经验，展开制度上的全面改革，具体构建或完善包括“强化保护及使用农地、国土规划、农地产权主体”等方面的法律制度，以及“耕地集中流转、农用地转为非农用地、监控国土使用、整理及治理土地”等方面的机制。

B 必须保证设计谨慎化、执行严格化

对于全国所有农地，日本基于对农地资源的高效保护，分别进行了保护和开发这两大农业区的划分；此外，还基于取消非耕种意图的农地获取权，对占用农地构建了严谨的许可制度。日本一边推行“凡耕种人，都有耕种地”，一边禁止个人进行土地交易，有效保障了农业经营人的权利。基于此，严控土地所有权变更的同时，还为流转土地设定了一些限制。此外，日本为了保障及提高农地使用的有效性，将包括各种类型土地，以及其所有权拥有方、使用方、变更用途的申请及审核等，都纳入法律的严控范围内，一旦违法必将严惩。

以日本非城镇地区小于两公顷面积的农地占用为例。农地使用人需先提交用地申请于都道府县的农委会，然后由该农委会向知事汇报、知事向农业会议予以层层上报；农业会议将审批结果返回给知事、知事返回给农委会、农委会回复于申请人。自这个流程可见，日本农地占用不仅要经由农委会的审批，同时还需通过农业会议的核定；而知事不具备最终许可决定权及许可的直接通报权。

上述流程对农地流转及知事许可权，形成了有效管制。自此可以看出，我国全部用地要想保证不小于 18 亿亩面积，首先要做到土地保护、利用及管理的科学制度化。

C 必须保证调整的适时化、完善的持续化

对日本农地而言，框架的形成及政策依据基于《农地法》《农振法》《农促法》以及《土地改良法》这四部法律。随着经济发展需求的变化，上述法律也需要基于农地利用及农业经济的发展做出适时调整。随着农地制度的不断改革，围绕“权利保障仅在于农业直接劳动人”这一主线而展开的《农地法》，实现了从自耕农到全部农业劳动人权利的保障，因此，该法分别可以“自耕农”及“耕种人”两大作用主义进行划分。

日本在 1994 年，基于有效农业经营体的构建，立足于乌拉圭回合谈判，试图将原有的《农业基本法》进行完全更换，并展开了新法的具体研究。而这一举动，再一次促使人们高度关注农业生产的法人以及有关制度构建。其实，《农地法》在 1962 年的修改中涉及了“农业生产法人”，在 1992 年的修改中对法人经营农业还有严格的制度约束，但多数意见认为，股份公司应该获得农地权利，因此，日本在 1998 年的修改中，放宽了对农业生产法人的约束条件。1999 年，日本公布了《食品·农业·农村基本法》，积极推行农业生产法人制度。2000 年，《农地法》的“农业生产法人制度”部分再次被修改。

“随时代变化而变动”是日本农地制度的最大特征。即基于法律制度的统一和完善，在经济需求及大环境都出现变动时，农地制度要在保证立法初衷及框架不变的原则下，对内容予以适时调整或补充。

D 必须保证制定及实施有金融制度做基础

于构建农地制度而言，金融制度所具备的作用非常重要。对此，日本不仅一直高度关注，同时还一直基于农地制度构建需求的转变，对金融进行政策上的适时调整。日本所有的农地制度改革，可以说都是在金融制度的相对支撑下完成的，并且“促进农地制度”本身就在金融制度规定的内容内。1963 年基于农林渔业运营架构结构优化，日本作出“集资策略”，为从事农业工作的民众提供涵盖农地开发、园艺和畜牧方面运营的改善扩展及调整农业结构在内的用度需求资金。基于自立经营及其农地改善，外加农地获取及改良、农用设施购置、培植果树、畜牧经营开设等在内的方方面面资金所需，《农林渔业金融公库法》于 1968 年新设了“综合型资金”。1970 年，基于农业结构政策提出的“经营人年轻化、规模扩大化”，日本对应出台了《农业人养老金基金法》，并对养老金明确提出“支付始于 60 岁；满 65 岁后，在原有支付上，进一步附加支付”的规定。借鉴日本经验，建议我国借鉴日本改革金融制度，支撑农地制度的构建。

2.1.4 其他国家农村土地制度发展

认真分析世界各国的土地所有制情况，可以清楚地看到，有一半以上的国家实行的是土地私有制。在这些实行土地私有制的国家中，影响力最大、最有代表性的就是大陆法系国家和英美法系国家。大陆法系国家主要包括德国、意大利、法国、比利时、奥地利、葡萄牙、西班牙以及瑞士等国家，英美法系国家主要包括英国、美国、印度、孟加拉、加拿大、巴基斯坦、马来西亚、新加坡、韩国以及非洲的个别国家和地区。这些国家和地区的土地私有制有两大特点：一是政府调节土地市场，市场决定土地资源配置；二是与实行土地所有权归政府和集体所有的公有制国家一样，国家为了维护公共利益，也会造成土地权属的变化。由于这些国家私人拥有绝对的土地所有权，所以在全国的土地资产总价值中，一般情况下私人资产占据份额最大。

2.1.4.1 其他国家农地制度的启示

（1）必须深化农村集体土地使用制度改革。在资本主义国家，虽然实行土地私有制，私人拥有土地所有权，但是为了维护国家利益和公共利益，政府仍然有权依法征用个人的土地，对个人的土地征收税收。在这些国家，关于土地权属的法律法规十分完善，私人的土地边界清晰，产权明确，所以很少发生土地权属纠纷。我国实行的是土地公有制，在坚持土地分别归全民所有和集体所有的基础上，虽然通过推行土地承包责任制，依法明确了农民对土地拥有使用权，但是从多年的实践情况看，我国对农民的土地使用还缺乏保障。目前，我国对农村集体土地使用权进行改革，最核心的问题是如何千方百计保障农民利益，减少因土地使用权而产生的土地矛盾和纠纷。

（2）必须充分发挥农村基层组织的作用。在英美法系国家，政府一般不干预农民如何开发和利用土地，主要靠民间和社会组织维护农民的合法权益，保障各类农业生产活动的顺利开展。对于我国来讲，土地是农民最关心的问题，也是农村最敏感的问题，村委会作为我国农村的基层政权组织，主要职责就是加强对农民的管理，合理利用农村集体土地，调节土地纠纷，保障农民利益。

（3）必须调整现有的农村集体土地使用权政策。在不同的历史时期，各国采取的土地制度也不同。比如日本，涉及农业基本制度的主要有三部法律，分别是《农地法》《农振法》《农促法》，国家制定所有的农业政策，开展任何农业活动，都必须严格执行这三部法律。但是，日本也并不是完全机械地执行这三部法律，各个阶段的目标因为特殊情况发生变化时，经过反复论证后可以适当调整政策，修改法律的具体规定。举例来说，当初日本从“自耕农”阶段转向“耕种人”阶段的时候，为了适应形势发展需要，进一步加强农地保护，合理调整了《农地法》的有关规定，从而有效提高了农民的积极性，促进了农业生产的健康快速发展。从这一点可以看出，日本虽然在不同时期调整了农村土地法律，实行了不同的农地保护政策，但是严格坚守农地制度保护的宗旨一直没有改变，始终坚持把保障农业直接劳动人的权利作为宗旨。这个事例告诉我们，要想应对形势变化，把好的法律执行好，就必须在严格遵守立法初衷和基本框架的前提下，根据实际情况及时调整和完善法律的具体规定。这不仅可切实解决实际问题，促进社会发展，而且能够有效防止出现因为立法太多而在同一事件上做出不同规定的问题。

相比于日本，我国更是典型的农业大国，土地是最关键的农业生产资料，在农业生产上存在的问题也比较多，农业基础相对较差，土地使用权纠纷时有发生，农村生产力还没有得到充分发挥，农地之间还不能集中连片发展。目前，如何在坚持农村土地集体所有的前提下，修改和完善现有的土地使用权政策，进一步调整农民对土地政策的信心，提高农民从事农业生产的主动性和积极性，是各级党委、政府最关心的一个重要问题。

（4）必须防止农民对土地产生过分的依赖性。在日本，绝大多数农民有两个职业，生活中以其他职业为主，以从事农业生产为辅。从实际情况看，身兼两个职业的农民与单一从事农业生产的农民相比，他们倍加珍惜土地，个人综合素质更高、生存能力更强、生活条件更好。同时，也正是因为这些农民非常重视土地，导致日本政府在征收农民土地时难度更大，甚至根本无法征收农民的土地。

相对于日本来说，我国的农业发展比较滞后，农业生产带来的经济效益要远远低于工业企业，导致很多农村劳动力大量流失，这些农民不再专职从事农业生产，把主要工作放在工业和其他外部行业。因此在调整农村集体土地政策时，必须充分考虑农民的就业问题，立足规模化经营，大力发展农产品深加工行业，想方设法为农民创造更多的就业机会和岗位。但是，我们也必须吸取日本的经验和教训，防止农民看到土地规模化经营产生巨大的经济效益后产生错误认识，认为土地所有权归自己所有，任何时候都不肯放弃土地，阻碍农村集体土地使用权流转工作的顺利开展。为防止出现类似问题，我们必须引起高度重视，切实采取有效措施认真加以解决。

（5）必须坚持工业反哺农业。目前，我国与发达国家之间的差距重点在农村。就我国的上海来说，上海的经济发展和城市建设完全可以和日本的东京相媲美，区别就在于东京已经实现了农村的城镇化，而上海的农村还处在城镇化过程之中。因此，今后随着经济的发展，我国更应当坚持工业和农业并重，绝不能忽视两者中的任何一方。同时，要彻底改变用农业生产补充工业发展的思想认识，相反，要在工业效益中适当提取一定的收益反哺农业生产，带动农业生产的快速健康发展，最大限度缩小农业和工业之间的差距。

（6）必须把握好关键环节。调整农村集体土地政策，必须充分考虑土地规模化经营的大小、农业产业化进程、农业科技发展水平、机械化程度和农村产业布局等多方面因素，防止农业用地闲置，严禁擅自将农业用地变成非农业用地，并提高农业机械化水平，加大土地生产效率。

2.1.4.2 世界各国土地制度比较及对中国的借鉴

A 北美

a 美国土地制度

美国独立初期，执行的是无偿征收土地政策，政府在征收土地时不予任何补偿。后来随着经济的发展，资产阶级为了维护自身利益，对宪法进行了修改，要求政府必须为了维护公共利益才能征收土地，并给予合理补偿。政府组织实施其他任何项目，绝对不允许动用行政权力征收土地。

美国宪法对征地作出了强制性规定，标志着土地已经成为一种特殊的商品。为了保障土地所有人的利益，美国财产法对“合理补偿”也做出了具体解释，即按照政府做出征地决定时的土地市场价格加上未来的盈利进行计算，折合成货币以后补偿给土地所有权人。此外，政府在征地过程中如果出现不可控因素，造成土地被意外占用或者受到损害，政府也必须给予相应补偿。美国的征用土地行为是政府代表国家，依法行使“最高土地权”。

b 加拿大土地制度

加拿大现行的征地政策，借鉴了英国土地征用制度，对国家、当地政府和个人三方权益均做出了具体规定，以推动本国征地工作的顺利开展。加拿大在征地上的补偿政策，既包括土地当时的市场价值，又包括将来可能达到的最高价格以及土地带来的最大利润，主要包括以下四方面补偿：（1）结合土地的最高价值和最大利润，按照当时市场价格对土地所有权进行补偿。（2）政府在土地征用过程中，如果对土地所有权人未征收的土地造成破坏，必须对破坏的土地给予补偿。如果对相邻土地造成的破坏或者影响其他人正常经营，也要根据受损情况给予相关赔偿。（3）土地被征收后造成土地所有权人及承租人的生活陷入困境，或者对其工作和生活造成干扰，要根据他们所增加的各种支出给予相应补偿。（4）土地所有权人及承租人因政策征收土地产生的搬家费补偿费。

B 欧洲

a 英国土地制度

和其他国家相比，英国的征地补偿政策可以说非常详细，包括征地原则、补偿范围、补偿标准、计价时间和解决争议的具体办法等许多方面的详细规定。其要求政府在征收土地时，必须按照价值同等和恢复原貌的原则，与土地所有权者进行充分协商，按照双方协商的价格对土地征用及造成的损害进行补偿。

英国之所以规定征地时要依据双方协商的价格作为补偿的依据，主要是为了最大限度地减少征收土地过程中引发的矛盾和纠纷。但是，一旦在征地时出现矛盾和纠纷，只能通过诉讼渠道来解决，因此英国又对补偿计价的具体日期作出明确规定，要求政府相关部门开始履行征地程序时，必须书面通知土地所有权人和其他利益关系人。由于相关人员在接到通知后，政府需要经过很长一段时间才能获得土地所有权，在此期间，土地市场价可能上涨，也可能降低。土地市场价格一旦上涨，双方就会在补偿计价日期上产生争议，因而计价日期显得尤为重要。如果双方对补偿金额没有争议，就以政府相关部门的书面征地通知日期为准；如果有争议，双方有任何一方提起诉讼，要以法庭判决的最后一天作为计价日期。

政府在依法征收土地时，具体的补偿范围和标准如下：（1）土地及征地范围内所有合法的建筑物、构筑物和附属设施，分别按照当时的市场价格给予补偿；（2）没有征收的剩余土地以及与被征收土地相邻的土地，如果因征地造成损害，按照贬值金额给予补偿；（3）土地出租期限未满，按照租赁合同约定的租赁期限，对剩余年限的租金给予补偿；（4）因政府征收土地，土地所有权人需要搬家，对生产经营造成损失的，补偿经营损失和搬家费；（5）诉讼维权、聘请律师等相关费用的补偿。

b　德国土地制度

德国关于征地补偿的范围和补偿标准主要有以下三方面规定：（1）按照征地当天的市场价格对土地及征地范围内合法的建筑物、构筑物和附属设备给予补偿；（2）生产经营损失按照与其相似土地通过正常的生产经营活动能够获取的利润给予补偿；（3）因政府征收土地造成标的物受损的，对所有造成的损失给予补偿。

德国和英国一样，也是按照征地当天公布的土地市场价格进行补偿，但是征地的补偿方式要比英国多，土地被征收人既可以选择现金补偿方式，也可以要求政府补偿同等类型的土地或者使用其他土地。政府征地后进行开发建设，必将大幅度提升土地的市场价格，但是绝对不能以预期的土地市场价格作为补偿依据。为避免发生类似问题，英国政府做出明确规定，禁止任何单位和个人对此怀有侥幸心理，企图按照预期的土地市场价格获取高额补偿。如果政府和被征收土地的所有权人在补偿金额上产生分歧，应当由当时的土地所有权人向其辖区内的法庭依法提起诉讼，由法庭判决具体的补偿金额。但是在诉讼期间，政府要将全部征地补偿费在一月内形成决议，之后直接向土地被征收人付清。如果超过一个月的法定期限，政府做出的土地征收决议便失去法律效力。

c　法国土地制度

法国征地时，由政府就征地价格问题向法庭申请判决，以法庭公布判决之日的土地市场价格作为补偿标准和计价日期。此外，法国政府为了调控补偿标准，把法庭判决之日起一年以前被征收土地的实际用途面向社会进行公布，并按此用途对土地实收人的土地用途给予补偿。

d　瑞典土地制度

在瑞典，政府征收的土地一般作为公共用地来建设公共设施，完善城市功能，这样必然会提高土地的市场价格。为防止个别人擅自改变被征收土地的现状和用途，试图获得额外补偿，瑞典以法律的形式做出明确规定，如果在征地时出现上述问题，政府绝对不会按照改变后的用途给予补偿，只能根据被征收土地 10 年前的价格标准，对土地所有权人给予补偿。

C　亚洲

亚洲各国的征地补偿标准有着不同的征收形式。

a　日本

日本的土地补偿标准符合其基本国情。它将土地征用法作为征地法律依据，征地对象为国内重大公用事业，这些都有合法的征地权限。在日本征地补偿原则中，如果是因为征用地导致的损失，一般是以现金的方式进行支付补偿，另一种补偿标准为计价补偿，适用于被征地和周边同类型土地的收缴租金。总之，日本的征地补偿依靠的是和补偿标准相接近的价格进行计价补偿。

不过，多数情况下都是依照 100% 的补偿标准进行征地补偿，基本上包括以下几种情况：（1）当对土地拥有所有权的人，其土地权益受到侵害时，将补偿因为征地出现的土地所有人额外受损的利益；（2）对因为征地利益受损的少部分人在生活方面给予一定的补偿；（3）因为征地造成的一些失业或者主动辞职的现象，引发一些经济损失；（4）因为相关作业导致的一些公共污染以及与此相关的一系列经济生活损失，可得到一些补偿。另外，补偿形式除了现金外，其他也可以用同样的土地抑或其他同样价值的物品给予一定的代替性补偿。

b　韩国

韩国的国家征地标准也同样符合该国的基本国情，基本上有以下补偿形式：（1）价格统一制定，在 1990 年进行了一次公示，政府做出决定，统一地价作为征地补偿主体的土地价值补偿；（2）当土地出现剩余时，这类剩余补偿便起到了一定作用，这类补偿一般是在土地征收过程中，市面上的土地价格有一定程度的降低，此外在一些像道路等其他设施在修建的时候，占用的那部分土地；（3）迁移补偿，这类补偿形式多发生在公益事业中，在征地范围内，针对迁移性的补偿，其实针对的并非实际存在的固定附着物；（4）还有一些在征地中，对土地所有权人、土地所有权利益相关的人给予经济补偿。此外，除了一些不同的补偿标准，政府特设一些政府性质的补偿组织，覆盖范围广泛，大到首尔、小到街道，分别设立地方性的征地委员会以及在建设部设立的征地总委员会，这些大小政府组织基本上围绕该国基于征地区域、补偿、时限等方方面面做出高效决断。

c　新加坡

新加坡在征地补偿时有着自己的一套流程。首先，经过土地估价师依照当天的土地的市面价格进行土地估价，然后上报给同样在土地方面曾在一个时期主管财务和行政的官员，交由其做出判定。该国的征地补偿范围一般包括以下几种：（1）因为征地造成土地分割受到的损失；（2）因征地造成的损失（包括动产、不动产两个方面）；（3）迁移费和对土地测量产生的费用，这些发生在征地过程中的支出项；（4）印花税及其他必需的支出等。

d　印度

依据印度的基本国情，其土地尚属于土地私有制，每户基本上不会超过一定面积。2010 年印度有超过 12.5 万个贫困家庭成为合法土地拥有者。古代印度的土地制度是村社或国家所有，国家具有最高的土地所有权。殖民时期，印度实行封建地主土地所有制，即柴明达尔制（柴明达尔是地主，他将征收地租的 10/11 上缴政府）、莱特瓦尔制（原公社农民是土地所有者，每年直接向政府缴纳土地税）、马哈瓦尔制（按庄地定税，庄地原为封建主占有的，即以封建主为纳税人；原为村社集体占有的，即以村社为纳税人）。独立后，印度实行土地私人占有制度。20 世纪后半期印度土地制度改革进入高潮，其中以“绿色革命”影响最深远。“绿色革命”直接导致自耕趋势加强和租佃制减少。

印度的耕地面积数量居亚洲之首，多达 1.43 亿公顷，人均占有耕地 0.16 公顷，约为我国的两倍。在印度国土面积中，耕地面积约占 47%，森林面积约占 22%，草地约占 4%。

在印度，依照不同土地占有量基本上存在四大类农民。第一，本身拥有土地，然而并不去耕种的农民；第二，拥有的土地少，但靠自己耕种的农民；第三，耕种别人土地的农民；第四，其他一些农业短工。其中，农民在农业中的收入并非是农业劳动力（农民）之间平均分配，相反是依据土地所有权交给市场进行分配。不过，在印度的农村，绝大多数的农民属于没有土地的佃租农。大量的土地集中在拥有资金优势的土地主、包税人的手中（印度又称为“资助人制度”）。造成这种现象的根本原因在于英印当局长期的土地税制度，鼓励对小自耕农兼并，绝非印度的传统。这种土地主通常情况下属于本地种姓中的中层人。即便所谓的“贱民”虽然表面上看似地位不如高级种姓，不过一旦放在种姓中，身份尊贵堪称帮主，这就是印度农村的土地贵族。印度的农业基本上将个体农户作为基本的农业经营单位，1985 ~ 1986 年，平均土地经营规模为 1.68 公顷，不过占农户 57.8% 的边际农户平均规模只有 0.39 公顷。此外，印度的农业社会经济结构呈现较复杂的现象：封建、个体以及资本主义“三方并存”，其中小农经济占据半壁江山，传统的农业地位优越，现代投入较少，一般以传统的生产工具、手工劳动为主。就目前来看，印度的农村社会经济生活仍处于传统的发展阶段，将农业尤其是种植业作为核心发展力量，社会关系和经济活动基础仍是村社，社会经济关系的重要因素仍是传统的管理系统、亲属家庭以及种姓制度。不过就在近几年，很多地区都发生了变化，以不同的速度和强度出现了为数不多的现代农村社会。

D 亚洲地区土地制度的相同点

亚洲各国（地区）的土地通常是私人所有居多，其中私有土地的价值量一般在全国（各国）或地区全部土地资产价值中占据很大的比例；尽管私有土地离不开政府的宏观调控，然而更多地受到市场机制配置的制约，比如国有也就是政府所有以及公有和私有的土地均处于不断动态变化当中。

E 亚洲地区土地制度的差别

（1）日本的土地制度是一种市场模式，以土地私有制为基础，土地分国家所有、公共所有、个人与法人所有。在现代化进程中，日本对农地实施保护措施，有效地使用耕地，是目前世界上土地利用最为合理的国家之一。

（2）新加坡土地制度主要有国有和私人所有两种形式，国有土地又分为国有土地和公有土地两种形式。国有土地占53%，公有土地占27%，私有土地只占20%。

（3）韩国的土地制度也属于典型的土地私有制，还是一种垄断式土地私人占有。多数土地归个人和法人所有。在管理方面，离不开政府运用法律、行政、经济手段对土地行使强有力的控制。

（4）印度是典型的土地私有制国家。不过这是一种有上限的私有制度，每户平均得到土地不能超过一定的设定面积。

F 亚洲各国土地制度对中国的借鉴

我国正在积极借鉴亚洲各国的土地管理经验，通过土地产权及其登记、土地利用规划、土地开发与保护等方面，创新实施土地管理实践，建立相关土地制度。

第一，明确和落实土地所有权主体和所有权性质。长远来看，土地市场的发展态势应是以土地私有制为主要的发展方向，让市场兼顾效率和公平。

第二，对目前的土地制度进行彻底改革，允许并鼓励农民的土地能够直接入市，与国有土地保持同一市场、同一标价的发展状态。

第三，土地制度变迁需要国家统一政策和地方具体政策配套改革，不仅要考虑与城市化进程相结合并保持同步发展，还要结合社会保障以及农民人力资本进步的综合考量，甚至需要顾及新农村建设的进步等因素。

2.2 中华人民共和国成立后农村土地制度发展探索

农业和农村问题一直是中国社会发展中的重中之重。而土地作为农业和农村赖以发展的根本，一直受到党和国家高度重视。土地所有权制度关系到农村资源的有效配置以及农民生产主观能动性的发挥，是农业经济发展中的关键要素。

在中华人民共和国成立以前，我国社会长期处于封建社会和半封建半资本主义社会状态，土地所有权高度集中在少数人手里，而大多数人为了生活就要承佃少数人的土地，因此那时候农民又被称为佃农。中华人民共和国成立初期，轰轰烈烈的第一次土地改革开始了，1950~1952 年实现了农民拥有土地的伟大转变。第二次土地调整发生在1953~1956年，建立了初级合作社和农业互助组土地制度，实现了农村土地集体所有权制度。第三次调整是在 1958~1962 年，推出在原来基础上的高级农业合作社制度，形成了人民公社三级所有、生产队为基础的基本框架。为了充分调动农民劳动积极性，20 世纪 70 年代后期将农村土地所有权分解，诞生了承包经营权的使用权，开始推行家庭联产承包责任制。我国土地制度每一次调整都是对农村土地所有权的变革，都是为了高效利用土地，提升农民物质生活水平。就当时生产关系而言，每一次改变都有效地促进了生产力发展，达到了预期效果。随着改革开放的日益扩大，国内社会环境发生了根本性变化，智能化以前所未有的速度影响着人民的生活，城乡之间的差距已经越来越小，个别农村经济发展程度已经超越小城镇，农村面貌焕然一新，农民积极性空前提高。正因如此，清理那些阻碍生产力进一步发展的生产关系以及一些不和谐因素就显得非常必要，对农村土地制度进行调整已是大势所趋，但是调整必须建立在对过去土地政策充分认识的基础上，并吸取相关历史教训，见表 2–1。

表 2-1 我国历史上土地制度发展的四个阶段

时间	名称	所有制形式	主要内容
第一阶段	1949~1952 年底	农民土地所有制	废除地主阶级封建剥削的土地所有制，实行农民的土地所有制
第二阶段	1953~1957 年	互助合作、集体所有	农民将除小块自留地之外的土地交由合作社统一经营，收益按社员投入土地和劳动的数量和质量进行分配，社员拥有土地的处分权且退社自由
第三阶段	1958~1978 年	公社体制下集体所有	公社对土地进行统一规划、统一生产、统一管理，实行平均主义的按劳分配
第四阶段	1978 年至今	家庭联产承包责任制	土地所有权与经营权相分离， 确立家庭自主经营的基础地位，农民与生产资料直接结合，集体统一经营与家庭分散经营同步并行

2.2.1 土地改革时期农村土地制度发展探索

对于我国土改的方针、路径及有关政策，中央人民政府于1950年通过《中华人民共和国土地改革法》的颁布和通行，予以下述明文规定——“对封建时代下，以地主利益维护为主、剥削普通农民的土地所有制，予以彻底化地废除，并基于农业生产力的解放、农业的健康发展以及农业工业化的实现，构建以农民利益维护为核心的土地所有制”。1952年，中华人民共和国第一次土地改革在全国范围内展开，这是一次对旧的土地所有制方式彻底否定的变革。通过这次变革农民拥有了自己的土地，不仅改变了农民的政治地位，也提高了农民的经济收入。这次土地改革的力度是空前的，据统计当时将7亿亩土地无偿分配给农民，超过3亿人口因此受益。同时还将农业生产所需的生产资料也分配给农民，一举打破了封建土地制度，农民真正成了土地的主人，农民可以没有负担地在自己的土地上进行耕种收获，不再向地主交付佃租。通过这次土地改革，全国90%的耕地为贫农所有，而以前拥有大量土地的地主或富农仅占8%。这使农民的生产积极性得到极大提高，生活水平也得到相应改善。土改让农民得到了实惠，提高了自信心，农民的经济利益和政治利益都得到保障，从而推动了农民自主参与意识，这正是发展经济建设社会主义的根本保障。

此次土地改革是中国共产党提出的农村土地政策和中华人民共和国成立以前在解放区分田分地模式的延伸。

1949年9月《中国人民政治协商会议共同纲领》颁布，规定在已经实现土地改革的省份务必要保护农民持有农田的正当权益；凡尚未实行土地改革的地区，必须发动农民群众，建立农民团体，经过清出土匪恶霸、减租减息和分配土地等步骤，实现耕者有其田。1950年年中，为深化稳定土地所有制地位，党以及政府出台《土地改革法》。自此，国内上下土改制度铺开帷幕。

中华人民共和国成立后消灭了封建剥削阶级，农民翻身做主人，通过土地改革土地回到农民手中。这次土地改革不但成为中国土地发展史上的转折点，对农民利益的影响也是深远的。这次土地改革照顾到了不同利益群体，根据他们的实际状况制定不同的政策；同时还对少数民族、宗教人士以及华人华侨等特殊群体以不同的优惠措施，促使他们积极参与社会主义建设，进一步清除了残余的封建剥削制度影响。取得这样的成就无疑是伟大的，但是在取得成功的同时，也存在一些不足，如为了追求平均主义过度迁就农民，以及土改后期形成的小农经济对后来的规模化经营造成一定影响。由于中国疆域广阔，各地情况不一，实行同样的农民土地所有制形式不利于充分有效地利用土地，从而造成贫富差距扩大化的趋势。

2.2.2 农业合作化时期农村土地制度发展改革探索

为了避免出现贫富两极化并且满足农户互助劳动与生产资料交流的需要，1955 年开始实行合作化政策。这一政策规定农民对土地的所有权不变，本着自愿和互助互利的原则，以缓解农民耕作要素科技不足以及面对自然灾害无能为力的局面。

1955 年 1 月，党的第七届六中全会发表了《关于农业合作化问题的决议》，1956 年由毛主席亲笔论述的《中国农村的社会主义高潮》公开发行，这一时期农业合作化得到大力推进，以农民家庭为基本单元的组织形式被生产队代替，将农户分散的土地以及水利工程由合作社所有，生产队统一进行相关资源配置。此后，高级合作社的数量和规模得到迅猛发展，到 1957 年底，平均每个合作社拥有 158.6 户农户。

总的来说，合作社分为两个时期：第一个时期是中华人民共和国成立到 1955 年初级社和互助组的建立。这个时期的合作社又称为土地合作社，农民虽然拥有土地所有权，但是要交由初级社统一管理使用，年底可以根据土地全年收益进行分红。这个时期开始形成的互助组以自愿互利的原则为前提，农户拥有自己的私有土地和生产资料，他们之间可以通过各种形式实现互帮互助，这样提高了生产效率，增加了农民收益。第二个时期是 1955 ~ 1957 年形成的高级合作社，它建立在初级合作社的基础上，农户的农具、土地、牲畜以股份的形式参与合作社经营，由合作社进行经营管理。农民可以对自留地进行耕种，不必缴纳公粮，但是不能对土地进行私下交易。可以说，高级合作社就是农民将土地交给合作社进行统一经营管理，从而使土地变为基层组织生产大队公有的形式。

总体上来说，农民拥有土地产权，加入互助组相互合作仅限于生产过程中。在初级社时期土地使用权已经属于集体，在高级阶段土地产权、所有权等明确为集体所有。

2.2.3 人民公社化时期农村土地制度发展探索

1958 年发生了跨乡镇、公社以及县市免费调动劳动力大规模修建农田设施和水利工程的运动，显示了社会制度可以集中力量办大事的优越性，中央政府给予高度认可。

1958 年公社实行土地三级制度，对合作社和社员的资源进行调整，将他们的土地以及住宅坟墓用地和家畜、农具等资产划归公社三级所有。公社对所有资源进行管理并实行按劳分配的原则。然而需要说明的是，公社形式在历时 25 年的运动进程中一直是整合和改善的，从“整合和强化公社的……”（1958 年 12 月），改正“一平、二调、三收款”的疏漏（1959 年 2 月），到规定“全体公社运用三级管制、三级计算……”（1959 年 4 月），再到制定《农村人民公社工作条例（修正草案）》（即“人民公社六十条”）（1962 年 9 月），体现了乡村合作社的所有关系，总体来说从合作社所有、合作社三级所有表现为大队形式、合作社三级所有表现为生产队形式等三个阶段，逐步向完备和固定形式的方向发展。人民公社形成了以大队为基本单位的乡村经济运行格局，规定田地、劳动力和家畜以及工具为生产队所有，生产队按劳进行分配。由于劳动力管理困难和合作社内部纠纷，最后劳动生产核算建立在大队这一层级上，生产资料性质不变。在相当长的一段时间里，这种三级制度以生产队为基本的合作社形式长期存在。以后逐渐实行了凭票购买制度、市区工作制度和福利制度等不同制度，对城市和乡村实行不同的管理模式。国家统一对资源进行配置，并很快就建立了多种工业化组织。

中华人民共和国成立以后，土地制度的发展经历了四个不同的阶段，不同历史时期实行了不同的土地制度。但从总体来看，政府逐渐收紧了对土地的管理。土改时期土地分配给农民，政府仅对土地使用权以及转移使用权进行约束。合作社时期推行大规模共有形式，农民的土地所有权被政府收回，并由合作社对农村所有资源进行支配，快速实现了土地集体所有过渡到整个社会所有。

2.2.4 家庭联产承包责任制时期农村土地制度发展探索

中国共产党十一届三中全会是中华人民共和国成立以来，党和国家历史上具有深远意义的伟大转折，不仅确立了走中国特色社会主义道路的基本方针，而且开辟了中国农业建设的新篇章，确立了解放思想、实事求是作为党的基本指导理论。此后，安徽凤阳县小岗村农民提出的“大包干”做法成为标志性事件。家庭联产承包责任制这一制度在确立和实施的过程中，党和国家领导人给予了关键支持，给予高度评价，并且很快将这一做法推广到全国。在后来的《关于进一步加强和完善农业生产责任制的几个问题》《全国农村工作会议纪要》等多个重要文件中，家庭联产承包责任制都被提及并且获得了当时众多党和国家领导人的支持、肯定，也由此取得了重大进展；1983 年，《当前农村经济政策的若干问题》的公示，宣告家庭联产承包责任制理论总结的正式完成；1984 年初，随着《关于 1984 年农村工作的通知》的下发，土地承包的期限终于得到明确规定。在此之后由于时代变化，土地承包的期限随之发生适当的变化：1985 年，党和国家领导人决定发布实施《关于进一步活跃农村经济的十项政策》，同时也宣告了“家庭承包责任制”成为体系化目标的达成；1986 年 6 月，《中华人民共和国土地管理法》颁布，其中对家庭联产承包责任制做出了明确、详细的规定，这使得“家庭联产承包责任制”有法可依。

党的十一届三中全会后，我国土地制度以提高农民生产积极性和发展农村经济为目标，这可以从两个时期进行分析。一是 1978 ～ 1999 年确立了“土地集体所有、家庭承包经营、长期稳定承包权、鼓励合法流转”的土地制度，这个制度在一定程度上调动了农民生产积极性，促进了农村经济发展。二是2000~2008年，国家以法律的形式改进和完善了土地制度，随着城镇化进程的加快，对农村土地征用和农村建设用地制度进行深入研究。改革开放40年，我国土地制度注重发挥农民的创造性，国家在宏观层面上进行全局把握，推动了农村经济的快速发展。这说明这个制度与我国农村现阶段的状况是相适应的，它既实现了农村土地集体所有权的有效使用，又维护了农民的合法权益，使农民对土地能够长期使用，提高了农民积极性。《中华人民共和国农村土地承包法》（以下简称《农村土地承包法》）进一步以法律的形式确保了农民利益，农村土地集体所有权与家庭承包经营不变，农民长期使用土地制度不变，农民可以依法对土地进行流转。这些规定的实施使农民吃了定心丸，农民可以安心地在自己的土地上扩大规模生产。同时，这部法律规定农村集体经济组织有权对荒地、荒山进行经营开发，以及对废弃土地进行改革等。

2.3 中国农村土地制度变迁的经济绩效评价研究

虽然中国改革开放已经40年，农村面貌发生了巨大改变，部分农民也从土地上走出来。但是对绝大部分农村来说，土地仍然是集体经济发展的基础，从一定意义上说土地制度决定着农业发展的兴衰。任何制度的制定都要适应社会发展的需要，农村土地制度既要符合现阶段农村的状况，提高农民积极性，又要合理有效利用资源，促进农业又快又好发展。

有效的土地制度可激发农民的生产积极性，不仅增加农业发展所需物品的使用量，而且可增加土地亩产量。不同的土地制度其投入和产出比例相差较大，因此对农村经济发展的影响也不一样。为了分析这种促进作用，依据相关资料用总量指标，即不同土地制度农作物产量趋势与弹性系数进行评价；以土地制度和投入与产出比得出的相关数据作为参考，评价不同时期土地制度产生的经济效益。通过对相关专业经济学理论以及道格拉斯函数进行分析得出，农产品产量和经济效益不仅取决于制度本身，而且农业投入和农民自身素质更是重要因素。

2.3.1 土地制度经济效益评价方法

2.3.1.1 总量指标评价

不同土地制度和不同农业投入所产生的农业产量也不一样。农业产量及其增速是评价农业生产总量的依据。根据这一标准采集1949~2008年的农业发展数据，可以看出这一时期农业经济发展迅速，农业产量逐渐提高，但也存在土地制度改变导致的农产量相应变化。

中华人民共和国成立以后，我国经济面貌发生了翻天覆地的变化，农业经济制度促进了农村经济发展，加速了城乡一体化进程。截止到 1956 年，中华人民共和国成立后的 7 年时间里，我国经济总量从 279 亿元发展到 515 亿元，平均年增长 9%，总量实现翻番，可见当时农业经济增长势头是强劲的，新型农业发展模式是成功的。仔细分析这几年的数据可以发现，从年增长速度上，中华人民共和国成立后的第一年增幅为 17%，形成一个峰值，以后的 20 年进入一个增长缓慢期，年均增幅为 4%，部分年份甚至出现 8% ~ 10% 的负增长，这与当时的农业技术水平、国家政策倾斜、农业区域发展差异以及总体发展路线有关系。1978 年国家实行农村土地承包政策以后，农业总产值步入快车道，平均每年增长幅度超过 10%。

2.3.1.2 弹性系数分析

由于社会政治制度不同，其经济发展模式也不一样，在具体评价经济效益时要考虑不同社会制度下土地制度的差异，同样的生产要素和生产条件产生的社会经济效益也是有区别的。通过分析乡村经济进步和运用的真实状态，通过生产函数法能够列出方程：

$$Y=f(R,\ L,\ S)=SR^{\alpha}L^{\beta}$$

在函数中两边取对数，表示为：

$$\ln Y=\ln S+\alpha\ln R+\beta\ln L$$

式中，Y 为我国农业生产总值；R、L、S 分别为土地耕种面积、从事农业生产的人、土地改革制度在农业经济发展中的重要影响，其均为固定值。

中华人民共和国成立以来，我国实行了三次大的土地制度改革，每一次土地制度改革都对农业经济发展产生了较大影响，都是为促进农村经济发展，提高农民收入做出的尝试。这些改革中农业总产值的弹性值分别为 $\alpha=2.7907$、$\alpha=3.2582$、$\alpha=7.3776$，其中劳动力的产出弹性为 $\beta=-1.3756$、$\beta=1.6296$、$\beta=-5.2267$。

2.3.2 结论

任何土地制度的制定必须以促进农村经济发展为根本，违背农村经济发展规律，不能有效发挥甚至伤害农民生产积极性的政策制度，就不能促进农村经济发展甚至出现倒退。

实践证明，适宜的土地制度可以有效促进农村经济发展，没有一种土地制度能够适应所有的历史时期，但是阻碍经济发展的土地制度要及时废止，这就要与时俱进，以发展的眼光研究土地制度。虽然中华人民共和国成立初期的土地平均分配制度在一定程度上促进了农民生产积极性，但是生产效率不高，经济发展缓慢。1978 年的家庭联产承包制在一定程度上调动了农民积极性，农村经济也得到了较快发展，但是也存在一些问题。

综上所述，只有在实践中不断完善土地制度，才能更好地促进农村经济发展，也只有符合经济发展的土地制度才是合理的土地制度，根据我国国情，可以从以下几个方面制定土地制度。

2.3.2.1 改革方式

中华人民共和国成立以后，我国已经实行了不同的土地制度，这为土地制度理论研究提供了丰富的实践基础。反过来理论的创新又可为土地制度的改革提供依据。只有符合农村经济发展需求的土地制度才能进一步推动农村经济快速发展，而违背农民意愿，强加于农民头上的土地制度不仅不利于农村经济发展，还容易出现偏激行为，不利于社会安定团结与和谐。

所以在进行土地改革时要尽量考虑社会各方面因素，要交流沟通协商，杜绝个人独断行为，防止不利于经济发展和政治需要以及与违背客观实际的情况出现。

诱致性改革和强制性改革虽然都是重要的土地制度，但是也有区别，与农村经济发展的外部环境有关系。但是这种改革变迁时间长，创新性较差，不利于发挥制度的最佳效果，容易产生不和谐因素，因此这种制度有待于进一步完善。

土地改革事关农村经济兴衰，政府扮演的角色尤其重要，不仅担负着土地制度改革策略的制定，更要摸清农村实际情况，了解农民实际需求，在改革实践中不断探索适宜的土地政策及其相关措施，使土地制度发挥出最大价值，促进农村经济又快又好发展。

2.3.2.2 改革重点

首先，无论实行什么样的土地制度和策略，配套措施都不能忽视人的因素。农民是土地改革的实践者、创造者和受益者，农民是土地改革的绝对主角。所以土地改革首先要考虑农民的根本利益，要研究制定符合农民需求的土地制度以提高农民生产积极性，从而使土地改革顺利进行。农民是土地的主人，土地承载着农民太多的希望，寄托着农民对美好生活的向往，因此判断土地改革成功与失败的关键就是，是否能满足农民的需求，如果土地制度阻碍了经济发展，农民生活得不到改善，农民的利益就不能有效保证，就会挫伤农民的积极性。尊重农民、引导农民提高创新意识，为了更美好的生活勇于研究、敢于实践，在制定制度和政策时要听取农民的意见，想农民所想，满足农民的合理化要求，是促进农村社会和谐与经济发展的根本所在。

其次，土地资源是有限的，制定土地制度时在兼顾公平公正原则的同时要提高土地利用率，土地改革的目的就是要对土地资源进行合理有效的配置，提高农民的物质生活水平。土地制度改革要引入激励机制，进一步激发农民参与的积极性，不仅使农民得到合理丰厚的回报，而且提高土地使用效率。要对农业生产要素进行合理有效的组合，推进规模化生产，真正提高农村经济发展水平。另外，我国幅员辽阔，各地农村发展状况不一致，如何公正、合理、有效协调各方关系，尤其是农民利益和社会利益之间的关系，是政府决策部门应优先考虑的事情。

鉴于我国国情，要实现农村社会的长治久安，农村土地改革要慎重稳步推进，应注意以下三点：（1）任何一项改革措施都要符合相关各方利益，促进经济发展，土地改革也不例外，它的目的就是合理配置土地等相关资源，丰富农民的物质生活，促进农业健康发展，形成规范、有效、执行性强的土地运作模式。（2）明确土地所有权，清晰土地归谁所有，并制定相应法律政策予以保证。（3）规定不同责任主体的权利和义务，使土地制度真正落实到位，从而促进农村经济又快又好发展，实现农村社会稳定。

3 现行农村土地制度多维度分析

有美国经济学家指出，关于推进城镇化的观点是，城镇化的障碍有很多，但其中最大的仍属农村的集体土地制度。若想推进城镇化，途径很多，但进行农村土地改革是重中之重。加速推进城镇化，不仅有利于提高农业生产率，还能拉动内需。促进城镇化健康发展是推行社会主义现代化建设的重中之重。政府与人民在社会发展中出现的机遇与挑战面前必须团结一致，不畏挑战，勇敢面对，抓住机遇努力发展。旧的土地制度已经无法适应当今的社会发展以及人们的需求，缺乏创新元素，阻碍了城镇化的发展进程。

农村与城市的融合受到了很多因素的制约，其中严重制约农民融入城市的是户籍与土地两种制度。

首先，农村村民的户籍与城市居民的户籍，因地域以及由此形成的户籍差异。由于这些现实问题，对于是否进城，农民持有不同的态度，“候鸟式”是很多农村人所选择的就业方式。改变现有的户籍与土地制度是改变现有农村与城市发展现状必须解决的问题，党和政府的首要任务是解决制约城乡一体化的相关问题。

其次，制约农民向城市进军的主要因素是农村的土地。由于科学技术的发展，在耕作过程中越来越多的机器被运用，需要的劳动力越来越少，更多的劳动力被剩余下来，更多的土地被承包出去。我国 2002 年出台了《农村土地承包法》。该法明确指出，农民的土地承包经营权可以在法律范围内流转，可以采用的方式有转包、出租、互换、转让等。很好地规范了农民利用家庭承包获得土地的经营权。所以在推动城镇化过程中，土地问题必须加以重视。

就土地问题而言，获得自由支配宅基地的权利是前提。农民自由支配承包的土地的权利可于城镇化发展日趋成熟时给予，允许在市场上进行土地交易。为调动农民进城的积极性与主动性，可采取各种方式增加农民在土地买卖与处置中的经济收益；并在此基础上，改革农村与城市户籍制度，减少农民进城的障碍。

3.1 现行农村土地制度面临的法律以及操作分析

我国现有土地法无法适应经济发展的实际。这种情况导致土地改革中部分程序操作不规范，利益冲突问题在城镇化加速发展中日渐凸显。

我国实现社会发展和经济增长的不可或缺的一环是加快推进城镇化发展进程。但实际情况是发展很容易陷入“巴泽尔困境”[1]，这是因为我国城镇化发展

[1]巴泽尔困境是指：离开了清楚界定并得到良好执行的产权制度，人们必定争相攫取稀缺的经济资源和机会。

前提存在问题，是在农村土地转让限制条件模糊的前提下，发现农村土地制度中存在的问题，然后加以解决是规避“巴泽尔困境”必须注意的问题。

3.1.1 集体非农建设用地直接入市：进入阻止博弈

促使公有非农建设用地入市的参与者有农户、政府和非农业公司等。乡村公有的非农村建设用地入市是由非农业公司对土地需求引起的，但是真正起到重要作用的主体是政府以及农户，他们在这一过程中相互竞争。对非农建设用地的提供数量分别为国家的优势和农户的劣势。

通过建立完全信息动态博弈模型来对以上问题进行分析。由于特别许可权式的主导权归国家所有，所以它具有决定许可与否的主动权。农户是其中的隐形参与者，其在国家做出许可或者不许可的决定后具有两种应对方案，即参加或者不参加。而且市场盈利的多少也在于建设用地提供数量，即：

$$U_i=f_i(Q_1, Q_2), \ i=1, 2$$

式中，i 为参加者农户或者政府；Q_i 为参加者 i 的建设用地提供数量；U_i 为参加者 i 因提供土地所获得的盈利。

如果国家完全主导非农村建设占地市场情形下的盈利为 U_0，许可花费的成本是 C，国家许可、农户参与后，城市乡村建设占地市场就变成寡占，国家获得的寡占盈利是 U_{11}，农户得到的寡占盈利是 U_{12}，建设占地流入市场带给农户的寡占盈利的增加幅度是 R_1，带给国家盈利的增加幅度是 R_1^*；国家决定不许可的时候，农户参与后，建设占地市场就变成寡占，国家获得的寡占盈利是 U_{13}，农户得到的寡占盈利是 U_{23}，建设占地流入市场带给农户的寡占盈利的增加幅度是 R_2，带给国家盈利的增加幅度是 R_2^*，而 $R_2 > R_1$，如图 3-1 所示。

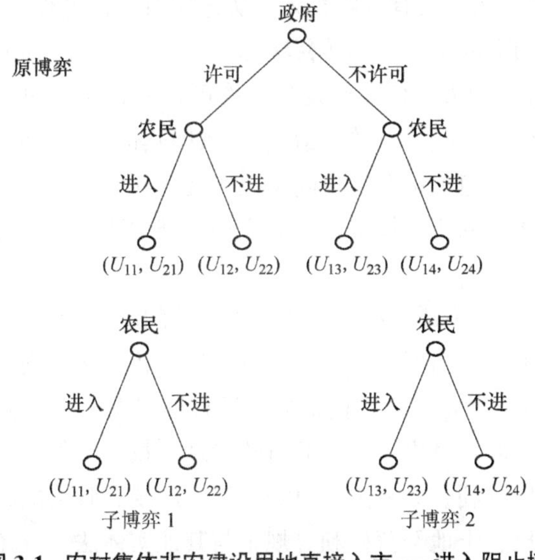

图 3-1 农村集体非农建设用地直接入市——进入阻止博弈模型

3.1.2 土地承包经营权流转中存在的不规范行为

在全国13亿总人口面前，我国人均土地使用面积相对不足。且小农经济在我国存留时间已很长久，其与现有的经济体系无法匹配，制约了农村经济的发展。

农村的土地流转存在的问题有如下几个方面：一是登记程序不完善；二是部分省市政府强征土地，农民因此不再拥有土地自主权；三是政府将土地出售给承包商后，没有相应的政策与制度保障农民的生活。因为思考问题不全面、相应的政策不够完善，导致农村土地使用权转移具有以下特点：

（1）随意性。自发性是目前土地承包的主要特点，口头商议是权利转接的主要方式。口头协议的随意性特点导致具体转让时间不能确定。承包方主动性与热情不够，不想再次花费，也没有长期经营的打算。

（2）无序性。《农村土地承包法》第十八条第（三）款规定："承包方案应该按照本法第十二条的规定，依法经本集体经济组织成员的村民会议三分之二以上成员或者三分之二以上村民代表的同意。"第23条规定："县级以上地方人民政府应当向承包方颁发土地承包经营权证或者林权证等证书，并登记造册，确认土地承包经营权。"但是在实践中，这些规定无法落到实处，现实中由于一些做法不符合规定导致出租与承租双方不能分割责任、权利。

（3）行政不正当干涉。一些镇级政府将村级干部的考核绩效与土地使用权的转移挂钩。相关数据显示，因土地使用权转移发生的争端有所增加。

3.1.3 土地承包经营权流转程序性规定不健全

（1）转移过程不明。没有专门具体的法律应对转移过程中出现的各种问题，分裂看待联产承包制下的土地权利转移法和"四荒"土地转移的方法等。

（2）对转移行为约束太多。经发包方许可，拥有固定的非农职业或资金来源的承包方可将土地承包经营权转让给其他人，即其他从事农业生产经营的农户，原承包方与发包方的承包关系在农户同发包方确立新的承包关系后即行终止。这是《农村土地承包法》的相关规定，除此之外，其他法律也对转移行为进行了相关规定。

（3）土地权利登记不详。相关法律对于一些问题有所规定，但是不够详尽，在登记方面强制性不够，当事人具有自主权。虽然相关法律规定需要向县级以上的地方政府取得登记，但是对于登记机关并没有具体规定，这导致不具备落实性。

在我国当前的法律体系中，土地的行政治理、权利等相关律法已经订立，但是农村土地上的其他权利、义务关系急需法律、法规和政策的约束及保障。在法律条款方面，所属权、土地经营权利等规定与其他实体法具有矛盾之处，而且不够完善，重实体、轻程序也导致了很多问题。在法律的适用性方面，由于有多部法律、法规等对农村土地进行调整，各法律、法规间存在相冲突条款，且同一法律中也多是原则性规定，缺乏可具体操作的条款，这就使得相关部门有选择地执法，严重损害了法律的权威性。

从上面的叙述中可知，虽然我国有关乡村土地转移的规定自中华人民共和国成立以来从无到有、逐渐完备，然而法律意识浅薄在农村家庭经营制度的实行过程中经常出现。此外，现有法律体系中较少土地经营和转移的法律性规定，加之缺乏专门制度，所以自发、盲目和随意是目前农村土地转移所呈现的特点，侵犯权利的行为屡见不鲜，土地争端日趋严重。即便在《中华人民共和国宪法》（以下简称《宪法》）、《中华人民共和国民法通则》（以下简称《民法通则》）、《中华人民共和国土地管理法》（以下简称《土地管理法》）和《中华人民共和国农业法》（以下简称《农业法》）中有相关规定，但规定不够明确，缺乏可执行性，致使很多地区出现了无法可依的情况。

3.2 现行农村土地制度面临的产权制度以及征地补偿分析

农村存在的土地问题中最重要的是产权。中华人民共和国成立之后，土地产权在不断发展、完善土地关系等历经 60 多年变化，中间依次经历合作化、公社化和突破性的家庭承包制。

在改革不断发展的前提下，越来越多的人关注产权和征地补偿。而在实际操作中，由于产权制度比较模糊，当农民遇到土地承包、经营、征收、流转等情景时，其权益有时会受到伤害，不能依法获取恰当的有关土地整治带来的收益。不平衡的状态也存在于土地征收补偿和分配中，当地政府或是征地人获得了大多数的土地增值收益，农民只能获得土地原用途所具有的“成本价”作为补偿。

3.2.1 农地产权不明确，土地集体所有权主体虚位

目前，“公有制”是广大农村土地所具有的土地产权本质，这导致了集体和农民的关系模糊。所以导致多方侵占土地权利。集体也包含乡（镇）、村农民集体以及村内农民集体拥有农村的土地，这在《宪法》《土地管理法》都有清晰规定，如组织性质、自然人或法人、民事主体。

在对土地完成征收进行发放补偿费用时，个别乡政府、村委员会干部就会轮番上阵，使用“乡扣”“村留”“村小组提”的操作层层截留大部分相应征收土地的补偿费，导致最终到达农民手中的补偿并不多。这种情况有两个坏处：一是使农民土地增值收益受到侵占伤害；二是使集体所有制发生深度歪曲，如图 3–2 所示。

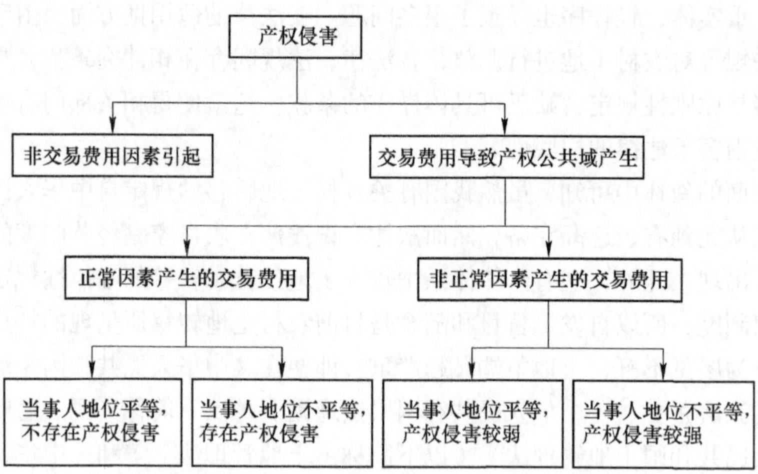

图 3-2 交易费用、产权公共域与产权侵害关系示意

3.2.2 公共利益界定不明确

按照现行的法律规定，政府可以根据公共需求，以有关法律为基础征收或征用土地，并且给予相应补偿。由于缺乏对公共利益的清晰界定，在现实中，经常被人提到的公益是广义的，根据这个演变出大量土地被披着公益外壳的商业性用途征用、征收。有些地方行政部门仅仅为了短期利益，无视地方发展的可持续性，与房地产开发商合作获得差价利润，而农民作为土地的所有人，获得的补偿低于本来生活水平。尤其是个别地方政府对政绩过分看重，不注重公益内涵，错用滥用征地，导致耕地荒漠化、耕地土质受损、城乡联合开发非法占用土地，使农民的合法权益受到严重伤害。

3.2.3 征地补偿制度不健全

农村以及地方政府理应得到一些转嫁支付和经济补偿，因为他们是真正的农地保卫者。这是当前我国农民人均土地面积和外国的征地补偿对比结果：美国的1/400，欧美国家的1/40，我国的则达到 1/2 公顷土地。小型农业承受着两方面的压力：一是市场压迫，主要源于国际农产品出口大国；二是必须保障我国粮食和农业计生安全，把相应经济方面赔偿发放给诸如此类的保护农田区域和农民。

根据《土地管理法》第 47 条："征收耕地的补偿费用包括土地补偿费、安置补助费，以及地上附着物和青苗的补偿费。征收耕地的土地补偿费，为该耕地被征收前 3 年平均年产值的 6~10 倍。征收耕地的安置补助费，按照需要安置的农业人口数计算。需要安置的农业人口数，按照被征收的耕地数量除以征地前被征收单位平均每人占有耕地的数量计算。每一个需要安置的农业人口的安置补助费标准，为该耕地被征收前 3 年平均年产值的 4~6 倍。但是，每公顷被征收耕地的安置补助费，最高不得超过被征收前 3 年平均年产值的 15 倍。”“土地补偿费与安置补助费的总和不得超出土地被征收前 3 年平均年产值的 30 倍。”此规定很显然赔偿范围太窄，赔偿标准过低，不但缺乏对土地浪费以及间接损耗的综合思考，更谈不上对土地增值问题的考量，所以如此赔付是不平等的。

农民在被征收集体土地时，获得的赔偿只是政府以制度为依据发放的，这种赔偿是有很大限制的，和农地的经济价值差距很大。货币安置方式是我国对农民通常使用的补偿安置方式。较多地方是进行“一次性补偿”。在发放征地赔款的过程中，行政部门可以得到很大利润，因此政府通常倾向于以创造业绩、提高财政收入，使其各部门拥有更好的福利为目的进行低价征收土地，再高价转让出去；只对失去土地的农民进行单纯的货币补偿，而不是确确实实地让农民获得安置。

3.2.4 资本下乡阻碍大

农业的规模化和经营现代化受到城市资本下乡的推动发展，现阶段土地流转有很多不符合规定的操作和模糊的部分，这就导致部分土地“掮客”变成操盘手倒卖流转土地，凭借资本不断活动。部分资本别有用途，有的是为了套取国家补贴，进行土地流转后占有土地却不使用土地，有的是受土地增值吸引进入农业，这些操作都会使耕地资源出现使用效率较低和浪费的情况。

3.3 现行农村土地制度面临的交易市场以及土地流转分析

农村的经济改革中出现了土地流转的身影，这是我国社会发展所必须经过的过程。现在，我国土地流转已经开始尝试运行，并逐渐在全国范围内推广。如果土地流转能够顺利运用到农村承包土地、农民宅基地和集体性土地的建设中，那么农村的土地将会在管理能力更高的人民群众手中大力发展起来。这就要求农村土地交易市场更加规范。现在农村的大部分劳动力都在向城市转移，土地被闲置的情况存在，因此需要推行新型的土地改革政策，将闲置的土地利用起来，发挥应有作用。

在 20 世纪 90 年代，我国开始进行土地流转。但在那个时候，土地流转仅仅是农民之间对自己掌握的土地资源自由地进行交易，更深层的土地确权工作还没有开始。因此还没有形成有效的流转市场，流转工作也没有规范化，导致了政府对于土地的管理有局限性，这种局限性主要体现在以下几个方面。

（1）市场的建设不全面，导致土地流转混乱无序。由于农民缺少土地交易的平台，使得土地经营权的流转都是在农民之间私下发生的，并没有政府的管理，这也导致了土地流转过程中产生了很多问题。

（2）土地的流转没有一个标准化的规范。也就是说，农民在对土地使用权的交易过程中，由于对于相关规范法律的认知缺失，导致在流转过程中没有一个明确的规范和约束。

（3）农村体制的发展不健全。虽然我国实行了土地流转，但是却没有相应的制度支持土地流转行为。一些农民进入城镇打工之后，他们对土地的支配权没有一个明确的界定。农村中对于土地的流转方式、效益分配，甚至是农民宅基地的买卖流转，都没有一个切实可行的规则和规范供人们参考执行。

（4）管理不到位。因为各地方、各农村缺少土地流转的交易平台与市场，而且没有切实可行的规范规则，导致政府相关部门对于此项工作的管理存在漏洞，不能为农民解决问题。

随着我国经济的发展，城市化进程逐步加速，许多农村户口都转为城镇户口。人们慢慢从农村走进城市，开始从事非农业的工作，由此导致农村产生大量的闲置土地需要流转。在这个过程中，农民对于自己自有的土地并没有争取利益的权利，许多土地交易出现了不规范的行为，严重损坏了农户的利益。

为解决这个问题，我国发布了很多政策，但由于政府与农民自身看待问题的角度不同，导致政策的推行出现了阻碍，产生的效果也达不到预期。而新型的征收土地补偿标准，则对农户的权益进行了大力度的支持与保障，但相应的政府产生的成本也增加了很多，这就体现了市场自身机制对于市场主体双方行为的调控是非常重要的。农村土地流转大部分都是发生在熟人之间、乡亲邻里之间，而行政部门和主管部门对此介入以及提供的服务相对较少。因为介入少，所以对于土地的掌控也相应较少。尤其在如今市场竞争激烈的情况下，农民从土地流转过程中所收获的利益并不高，因为他们并没有完全地进入到市场中，缺少市场对他们的交易行为的调节作用。在此情况下，政府部门应创建一个专门的服务机构，在农民土地流转这个行为过程中，起到指导、引导作用，完善市场的运行，使市场的交易更加规范化，使农民的土地分配得更加合理。但现实情况中，这些中介机构规范也不健全，使得一些土地流转信息无法及时公布出来，它们不能将土地流转主体的双方很好地结合在一起，使得农村的土地流转市场不能完全地建立起来。正是由于未建立起规范的流转市场，导致农户对于自我掌握的土地没有一个明确的价格意识，农民只能成为利益受损的一方，低价转让土地，以保证土地不会被闲置。但即使如此，有时也很难找到租赁方，有些农民不愿低价转让，导致土地荒废，资源得不到良好的使用。

由于农村人口大部分向城市转移，导致一些宅基地被空闲。而有的地方因为人口增加，对宅基地的分配面积较少，导致许多人住在同一所房子中，或者在自家土地上违规建造房屋，这些现象都是因为政府对土地缺乏相应的规范制度，没有形成有效的土地流转市场。《中共中央关于推进农村改革发展若干重大问题的决定》提出建设和完备集体建设用地流转市场，逐步建立城乡统一的建设用地市场，对依法取得的农村集体经营性建设用地，必须通过统一有形的土地市场，以公开规范的方式转让土地使用权，在符合规划的前提下与国有土地享有平等权益。

目前，农村集体建设用地的流转试点主要是在广东、安徽、河南等地推行。但是由于集体建设用地不能大范围地被使用流转，导致适用的制度存在许多缺陷与限制。而且宅基地和普通耕种用地以及其他性质的集体建设用地不同，因为宅基地是保障人们生活水平最基本的元素。现在对于宅基地的开发利用，也在不断地推行，如政府对于农村土地的综合整治、拆迁并点、推行集体居住等。这些政策都是为了推行农村节约用地，在这个过程中，政府的相关规范、相关政策要跟得上，否则制度的推行还是会遇到问题。《中共中央关于推进农村改革发展若干重大问题的决定》要求完备农村住宅占地制度，对住宅占地的管理要严格，在法律上保护农户住宅占地的物权。国土资源部《关于促进农业稳定发展农民持续增收推动城乡统筹发展的若干意见》中也要求积极探索在集体经济组织内建立宅基地有偿使用制度，强化内部约束机制，促进宅基地公平分配，提高宅基地利用率，实现节约集约利用。

在现阶段，农民可以从自己的土地支配权中得到一定收益。在土地流转最初，大部分住宅占地只能在集体组织内部进行交易和流转。因为那时采取的是内部分配方式，主要以经济手段为中心。但是内部对于土地的需求是有上限的。随着社会的发展，城镇化的进程加快，农村出现了大量的闲置土地，这些土地并不能完全在组织内部分配流转。所以，在宅基地如何流转的相关制度中，必须要扩大它的流转范围，前提还是要以本村的经济组织成员为优先分配对象。当然，城镇的居民也可以对农村的宅基地居住和使用，但是必须是有偿使用。例如在农村进行拆除并点过程中，政府补偿给农民的安置房，农民对这个房子享有所有权，在日后如果想要对这个房子进行流转和转移，可以由农民自己决定和处理。但这种流转并不是无偿的，而是应该在市场上进行公平合理有偿流转，只有规范合理的流转市场才能帮助农户尽快进入城市，与现在城镇化进程的脚步相匹配，满足农村建设用地的合理划分和分配，这与我国对于土地整治的目标是一致的。

通过以上分析可以发现，在我国目前土地流转工作过程中，产生的困难有以下几个方面。

（1）农民对于土地的归属情结阻碍了土地的流转。对于许多农民来说，家庭中的主要收入还是通过土地获得，土地所得是家庭的主要生活来源和生活支柱，所以他们不会轻易地将手中的土地使用权转出，而且我国陆续颁布了许多有利于农民的政策，同时也取消了农业税的上缴，使得农民在土地上面获得了很大利益，同时也增加了土地的价值。尤其是接近城镇的一些土地，政府在征用土地的时候，可以给土地所有者很高的补偿，这也导致了农户不愿意将手里的土地转移，甚至放任土地被荒废。这种行为就产生一种现象：农村的人口越来越少，土地的应用率越来越低，但是土地的流转却没有增加，这也阻碍了城市化的发展。

（2）土地确权不准确。长久以来，农村对于土地的确属关系都不是很明确，使得许多已经外出打工的农民依旧不愿意转让自己的土地，使得土地的流转市场不能正常运行，导致资源的浪费。

（3）流转行为自发性。现在的农村，对于土地的流转还是大部分局限在亲属之间。他们在土地流转时，没有一套完整的流程。有时甚至只是口头上的协商，落实到纸面上的协议也有很多漏洞，而且政府对于土地流转也没有专门的部门进行监督监管，所以在土地流转过程中产生的矛盾很难处理解决。

（4）土地流转没有配套规范。我国对于土地流转方面没有相关的技术支持，也没有制定相应的标准规范，以及建立一个供农民进行土地流转的交易平台，土地的流转都是在农民间自主交易，这也就导致流转的过程中出现了一些问题。例如双方不能及时沟通联系，出现问题不能及时沟通，而且由于监管部门的不完善，导致交易双方对于需要履行的义务也不是很明确,出现问题后不能得到及时解决。

（5）数量较少。现在，农村范围内的土地流转数量还是比较少的，因为农民并不是一定要进行土地交易，他们对此没有热情。大部分的流转交易都集中在一些农业小户上面，而且流转的形式也大多是短期的租赁，这就导致土地流转市场运行缓慢，不能使其发挥应有的职能。

（6）存在地区差异性。每个地区都有不同的发展状况，不同的发展侧重点都会有差异，这也就导致农户对于土地的需求程度产生差异。例如，城镇郊区范围内的土地要比偏远地区的土地流转情况好一些，发达地区比落后地区的土地流转情况好，以其他发展为主的地区比以粮食创收地区的流转情况要好一些。

3.4 现行农村土地制度面临的宅基地转换机制以及城乡社会保障差异分析

3.4.1 我国现行宅基地使用权流转制度

根据我国的物权法规定，严格按照根据我国相关法律法规规制转让权、宅基地的使用权。保障公民利益不受损失，不可以抵押变现已经得到的宅基地使用权。依照我国土地管理办法的明确规定，每家每户村民不得拥有超过省、自治区、直辖市限定范围面积水平的宅基地，并且只能有一处宅基地的拥有权。政府不批准已拥有宅基地的农户在转卖或者出租后，再次申请宅基地获得权。而获得宅基地除因法律规制内的公司建设性改造以及经营出现问题致使收购或者倒闭外，不得将获得土地使用权进行出租、转卖或者是非农业改造。《中华人民共和国担保法》也对宅基地使用权限方面做了必要的说明以及规制。

根据我国现行法律法规，我国明确限定了城镇居民与农村居民对于宅基地的相关购买权，如城镇居民不得购买农村居民的宅基地，在使用宅基地方面采用有限流转制度，城乡之间不得流转宅基地等。在各组织内部，宅基地的使用权可以相互转换，但不能单方面进行，而是以出租、转增、遗赠、授予等方法流通转换。根据《中华人民共和国物权法》相关法规，不可以随便抵押宅基地使用权，宅基地范围内的建筑物也不能用于抵押，这也导致了农村居民无法有效地运用手中的抵押权。而我国相关的法律制度也没有阐明，在使用宅基地时能否经由组织经济团体统一进行流通转换，不过因为宅基地的特殊性以及与相关个体人员有关联的特点，这样的做法被认为是禁止的。

3.4.2 我国现行宅基地使用权流转制度存在的问题

3.4.2.1 现在所实行的宅基地使用权流转制度不能很好地使用土地

虽然我国针对农村土地流转问题做了严苛的限定规制，但土地却没有得到有效保护。如农村居民没有经过允许就随便搭建房屋，随意逾额占用土地面积，在搭建好新的建筑后，没有及时推掉旧的房屋，并且很多条件相对好的家庭会选择在城市购入新房，让后代拥有更多的宅基地使用权。更有甚者，镇领导利用权力为自己谋求私利，占用多处土地使用权，造成严重的土地浪费。

3.4.2.2 现行宅基地使用权流转制度并不能长期承担社会保障功能

我国为保障农村居民的住房条件，采用减缓宅基地使用权交易的方法，并没有在市场经济中达成预期效果。土地给予的社会保障仍是当前我国不可或缺的重要保障体系之一。国家运用减轻、缓解宅基地使用权交易的手段缓解农村居民的住房压力。而农村居民们可能会因为要保住手中的宅基地使用权，而选择不再迁入城市，这将致使农村的生产力发展不平衡，也使得城市化进程逐渐变得缓慢。因此，市场经济的流通性、开放性可能会减弱土地对农民的作用。

3.4.2.3 现行宅基地使用权流转制度造成"隐形市场"的存在

当下我国正推行"精准扶贫"的策略，这也使得符合扶贫条件的农民抓到了宅基地使用权流转规定的盲点，在保证自身居住环境的前提下，这些农村居民会利用手中剩余的财产第二次圈地建造转卖，成为民众间流传"隐形市场"浮出水面的首要因素。"隐形市场"的出现，不仅危害了别人的利益，也会对自身的利益造成一定损害：首先，买卖双方的交易风险与数额都会不断扩大；其次，国家无法保证"隐形市场"中买卖双方的权益。

3.4.2.4 现行宅基地使用权流转制度不利于农民融资

现今，我国有非常多的农村居民手中的不动产基本都是土地，房屋等土地定着物，但是，减缓、延长宅基地使用权交易的方法并不能够顺利地进行房屋抵押担保，当向银行申请贷款时，农村居民可能会受到一定阻碍。如果不能申请到贷款，将出现资金链断裂等问题，使得产业链仍然维持原有的样子，农村产业规模无法继续扩大。

4

新时代农村土地承包制度的法律探索

4.1 农村土地承包制度的发展路径

党的十八届三中全会通过的《中共中央关于全面深化改革若干重大问题的决定》（以下简称《全面深化改革的决定》），对未来一段时期我国深化改革做出了全面部署，随后的 2014 年中央一号文件中共中央、国务院印发《关于全面深化农村改革加快推进农业现代化的若干意见》（以下简称《全面深化农村改革的意见》），对农村改革的全面深化问题进行了具体安排。

4.1.1 全面深化改革进程中农村土地承包制度的路径选择

《全面深化改革的决定》和《全面深化农村改革的意见》作为指导农村土地承包制度改革的两个重要文件，均明确将土地承包经营权抵押、土地承包经营权登记、草原承包、集体林权作为深化农村土地承包制度改革的核心内容。本节以此为基础，结合我国农村现实和相关政策，对涉及我国农村土地承包制度未来走向的四个重要领域的改革进行探索，希冀为相关政策和法律的完善提供参考。

4.1.1.1 土地承包经营权抵押制度的创新

全面推进农村深化改革的进程，对土地承包经营权的融资功能提出了更高的要求，同时给亿万农民带来更多的福利，维护并发展他们的权益。比如农民可以获得土地融资方面的政策和法律支持。

A 土地银行的创建及土地银行法的制定

从性质上来看，土地银行就是一种政策性的金融机构，其主要业务是抵押土地承包经营权。起初，国家是土地银行的投资主体，民间资本仅以入股的形式参与其中。为了推动土地银行实现可持续发展，国家开始允许土地银行开展一些诸如证券投资、资本理财之类的商业性金融业务。

从组织机构方面来看，服务全国的土地银行可以挂靠农业发展银行，但不能长期挂靠，随着其业务逐渐成熟，要从农业发展银行脱离出来。服务地方的土地银行要在省、市、县设立支行，对基层的土地合作社、土地信托中心等机构进行整合，将其发展为土地银行的乡镇基层机构。

服务全国的土地银行可以学习农业发展银行，开展农业金融业务的经验，服务地方的土地银行则要对已有资源进行充分利用，根据服务区域的实际情况开展金融业务。落实在具体业务层面，需要及时对土地承包经营权进行全面估价和评估，同时设立土地价值评估工作机构，将其作为专职部门统一管理土地价格，做好农业用地“分等、定级以及估价”三者关联工作。在完善土地制度方面，对农村土地价值进行评估，确保农户、土地银行之间运作抵押权的公平性。此外，实行土地银行优惠的税收政策，比如免征土地经营权抵押营业税、免征土地银行债券持有人所得税等优惠政策。为了确保土地制度可持续发展，让财税政策具有一定合理性，应把银行的运行成本降至较低地步。

B 创新土地承包经营权抵押的实现规则

土地承包经营抵押权对农民的生存给予了一定的保护作用，假如抵押权人处分了抵押的土地承包经营权，势必造成农民丧失土地承包经营权，农民的生存将会受到威胁。尽管已经不再禁止土地承包经营权抵押，但仍存痼疾，造成这一问题的一个重要原因是农村的社会保障制度仍处于探索阶段，农民的生存依然受到威胁。因此，建议增加“抵押豁免规则”，进一步完善土地承包经营抵押权制度，有效解决上述问题。

抵押豁免规则，即当债务人并未按照约定的日期进行债务清偿，债权人有权实行抵押权，该规则弥补以往法律漏洞。比如：第一，促进农民依法对土地承包经营权的抵押得到保障；第二，保障基本生存，农民对土地承包经营权尚有一定掌握，基本生存得到保障。另外，法律设定了上下限，针对被豁免的承包地中所占抵押的承包权，一旦出现较高的豁免比例，既可增加债务人的违约风险，又可削减抵押权人的积极性。值得一提的是，当前社会背景下的抵押豁免规则仅仅作为一种权宜之计，当我们的社会保障制度健全之后，农民在土地承包经营权方面的基本生存保障将慢慢弱化甚至消失，与此相应的抵押豁免中的承包地比例也随之变化。

4.1.1.2 土地承包经营权登记制度的完善

关于土地承包经营权的登记，我国现有的法律都没有创建系统完善的制度，导致土地承包经营权的执行缺乏制度支撑，从而诱发诸多法律纠纷。为此，在对土地承包制度深化改革的过程中，我国必须尽快建立系统完善的土地承包经营权登记制度。

A 土地承包经营权登记机构的统一

如今，我国现存的一种登记管理模式——分别登记体制，这种体制的存在阻碍了不动产物权法律的统一性，不能有效促进不动产经济价值的发挥，甚至完全与全面深化改革的路子相违背。所以，在不动产物权法律制度背景下，我国应该尽快设定统一的登记机构。首先，国土资源主管部门要起到表率作用，应当先把土地之上的所有物权登记归为国土资源部门。其次，在统一登记的过程中，改变原来的思维模式。这表现在农村土地或管理农业生产的思维，目前的管理模式相对比较传统，且具有行政特征；应确定土地承包经营权公示法定方式，表现出土地经营权的私权属性。此外，需要兼顾国土资源主管部门、农业行政主管部门之间的关系。深入推进农村土地制度的改革，让土地承包经营权更为市场化，可充分满足土地承包经营权流转的必然要求。虽然将土地承包经营权登记划归到国土资源主管部门，不过，农业行政主管部门仍然具有土地承包经营权行业管理职能的属性。

B　土地承包经营权设立登记的效力模式变革

如今土地承包经营权多是以家庭承包的方式，不过并未就登记问题进行考量。之所以出现这种情形，立法机构给予了相关解释，这完全是基于农村的实际情况，造成无须登记仍可起到一定的公示效果。不过随着土地承包制度的不断改革，在加速土地承包经营权的流转过程中，土地承包经营权建设应更具市场化。如此一来，熟人间的流转也将变成形同陌路而割断，在集体经济组织成员间这种关系将被彻底打破。所以，设立家庭承包方式的土地承包经营权，便需要增加登记因素，同时将家庭承包的方式作为土地承包经营权的公示内容，这样一方面可以贴合一般物权公示原则，另一方面可以提供变更登记的依据，让土地承包经营权交易更安全。

从登记效力的公示方面，学术界也曾有一些争议，一些学者主张采用登记对抗主义。可以从两个方面进行解读：第一，这种登记方式在土地承包经营权中已经得到实质性的确权，并且采用这种生效主义，既可以减轻农民负担，又可以规避登记过程中产生的成本问题；第二，这种登记方式也已经通过别的承包形式取得了土地承包经营权，并发展为和谐的内部关系，这样更能促进这一模式的有效运用。

4.1.1.3　草原承包经营制度的生态化改造

草原承包经营制度在草原地区是农村土地承包经营制度的主要形成，它除了保障牧民的基本生存需求以外，对草原地区的经济发展具有促进效果，还能够担负起民族地区和谐稳定的重担，因此不仅政策给予支持，在法律层面也受到极大重视。这种承包制度的健全，最为核心的当属在经济和生态价值两方面实现平衡发展，促使草原承包制度生态化。

A　草原承包经营制度生态化理念的确立

草原承包制度的完善遵循着自身的运行规律，草原是一种十分重要的自然资源，不仅有着通常意义上的经济价值，还有着较好的生态价值，这就是相比一般农业用地的优势所在。下面从经济、生态两个方面进行分析：第一，从经济价值层面，由于草原的社会环境，个体、群体间的冲突加剧，利益的纷争给物权法尤其是草原承包经营制度提供了合理的存在土壤；第二，由于草原的自然环境影响，水源、土地以及空气等自然事物间存在一定关联，这些因素也决定了草原是符合环境权客体的基本属性。总之，草原的经济价值层面具有一定私法属性，属于以个体利益为核心的制度；且社会生态层面更具社会价值，带有一定的公益性质。因此，各种利益间的冲突需要相应的生态化作为基本的顶层设计理念，确保草原承包经营制度发展更符合生态化要求。

B　草原承包经营制度生态化的具体法律构造

（1）草原承包经营制度是以草原人数作为划分草原面积的标准，这是一直以来草原承包经营制度中始终坚持的一种划分标准。这种划分方式强化了私权平等，草原承包经营权，在私法层面不存在不合理的地方。然而，草原具有一定的生态属性，因此不同的草原恢复的时间不同，并且存在着极大的差异。而其承受的生态恢复压力却基本是平行的，由此导致有的草原退化严重。实际上，人们并没有充分尊重草原的生态价值。在划分草原面积时，应以当地生态理念作为基本的划分标准，基于放牧的生态属性，按照草的长势、水源等特点，综合考虑牧区的传统经验以及现代科技，以草原对牲畜的承载数量进行单位草原面积合理划分。

（2）开创草原的生态化补偿机制。在政策和法律的促进下，针对草原的生态价值，采用合理的草原补偿机制，充分体现草原社会公益属性；站在私权的角度则需要利于社会公益发展的方向。在社会公益保护方面，国家具有一定义务。在进行草原保护的时候，假如草原承包经营者的利益受到损害，国家就要进行补偿，使得草原生态化补偿机制得以合理解决。另外，还应针对草原推行一种新的制度，即禁牧、休牧，这是两种法律制度，是国家基于生态保护设立的。但是在法律的规定范畴内，明确指出当处于禁牧、休牧期间，草原上的放牧行为被禁止，牲畜所需的饲料交由市场进行运作，势必增大饲养牲畜成本，所以牧民只得越过法律底线，开始违法放牧活动。因此，政府很难实现保护草原生态价值。如今正在推行的法律，规定生态保护是牧民的主要义务之一，在这样的法律机制中，牧民一旦触犯了禁牧、畜牧的相关规定，便要承担相应的法律责任，承担各种经济损失。在保护草原的义务中，国家始终处于主体的地位，因此禁牧、休牧等行为也将定位为具有社会公益属性的国家行为。草原的补偿机制中大致包括三种具体补偿(对象、标准、方式)内容。实践中可选择主要牧区进行试点，在以后的草原承包经营制度改革的不断深化中，进行有效推广。

4.1.1.4 集体林权制度的完善

针对集体林权制度的完善，基本立足两个重要目标：第一，对遗留问题进行完善；第二，不断设计出新的政策、法律制度应对完善过程中遇到的新问题。

A “均股均利”林地利益分享机制的确立

集体林权制度的完善，最为关键的是正确划分林地所有权、使用权以及林木的所有权，确保合法拥有的林权。经过确权以后，林地承包制度将逐渐科学化、规范化，农户的积极性也相应得到激发。林权制度的推进过程也必然出现一些弊端，并呈现逐渐明显的趋势。

林地承包经营的基本手段是林地规模化管理。由于林业的经营周期较长，林地的承包经营必然出现高风险特征，这与经营分散、短周期运营以及较小风险的农业用地相比差异十分明显。同时，确权到每一个农户的机制也面临一些问题，比如林地被分割成不同的地块，林地呈现更为细碎的现象，每个经营林木的农民也将面临更大的经营风险。目前，在实践中经确权的小农户并没有获得预期的收益。现实情况是：我国现有的法律没有对林地规模化经营的属性做出明确规定，仅从承包期限方面将其与农业用地的承包经营权做了区分，与林地的独特属性产生了较大矛盾。

另一种林地利益的分享机制被人们称为“均股均利”。这一机制是以林地的规模化经营为前提，根据不同的林区情况，确定规模化经营的具体方式。这种模式的单元构成既以村民小组作为基本单元，又针对多个承包农户整合林地，共同进行规模化经营。“均股均利”这种林地利益分享机制打破了按农户承包林地的分配方式，在对林业面积进行利益分配时，需要针对林地面积进行规模化经营，这是一种林地经营和利益共享机制，是林权制度完善的重要举措。

B 林地承包经营权流转制度的完善

在林地承包经营权改革的背景下，针对林地承包经营权进行流转制度的构建，应采取以下措施。

（1）不断扩大林地承包经营权流转范围。《中华人民共和国森林法》将森林分为用材林、经济林、薪炭林、防护林以及特种用途林五类，依该法第15条规定，后两种具有特殊用途的公益林不得流转。以上限制方式的优势是具有一定的合理性，能更加确保国家对林木的特种需求，尤其在维护森林的生态保护方面。然而利弊总相依，其弊端是：第一，按照生态区位进行划分的公益林系，但凡是在这种生态区位内的森林均属于公益林，在这种区域中出现的承包形式只能局限于栽种以及对林木的养护，无法获取一定的土地流转利益；第二，尽管法律中涉及公益林的补偿金制度，不过补偿金与林地资源在市场价值层面仍然相差甚远。这就导致林地的经济价值难以体现，无法有效调动农户造林、养林的积极性。

所以，应该适度放开公益林不得流转的限制，让法律进行赋权。同时对公益林的防护性质以及国家特种需求方面给予一定的法律规定。这样，不仅可对公益林含有的经济价值进行释放，还可避免对公益属性的破坏。

（2）扩张林地承包经营权流转主体。《农村土地承包法》规定：土地承包经营权的所有者转让经营权，接受经营权的一方必须是农户，且必须正在从事农业生产经营活动。林地承包经营权流转也可以采用这种限制条件，对受让方提出资质要求，保证林地实现可持续经营，为林地性质和用途的维护提供保障。但林地经营权流转对受让方的要求不能仅是农户，因为随着林地实现规模化经营，其对经营者的生产经营能力提出了较高的要求，单一的农户很可能不再是合适的人选，而在长期实践中有着一定的林业经营经验的企业或者组织，可能更具优势。这些“主体”将成为林地承包经营权转让的“最佳人选”。因为林地流转的目标是在林地经营过程中基本实现其经济价值。若将林地的可持续经营作为重要的目标考量，这样就需将农户的范围进行扩大。把受让方放置其中，在林地承包经营权的正常流转以及优化配置林地资源方面有不利影响，因此在以后林权法律制度的构建过程中，理应去除。

4.1.2 土地承包经营权的完善

继《全面深化改革的决定》和《全面深化农村改革的意见》之后，2015 年中央一号文件中共中央、国务院《关于加大改革创新力度加快农业现代化建设的若干意见》进一步对深化农村土地承包制度改革问题进行了具体安排。上述几个重要的政策性文件，是在新的形势下对当前及今后一段时间内土地承包经营权制度完善的展望，是完善土地承包经营权制度的基本纲领。这促使我们重新审视以《中华人民共和国物权法》（以下简称《物权法》）和《农村土地承包法》为核心的农村土地承包经营权制度，对当前土地承包经营权制度的内部构造，即主体、期限、承包地调整等所存在的问题进行分析，对主要课题进行展望，以推动我国农村土地制度的发展。

4.1.2.1 户籍、承包资格与土地承包经营权主体制度的塑造

怎样提高农村地区土地承包经营权主体制度的合理性，是目前我国土地改革面临的主要难题，它的重点就在于怎样平衡好户口、承包资格与其权利主体的利益关系。

在我国，每个农民都享有承包土地并进行农作物生产劳动的基本权利，因为他们都是农村集体经济组织的组成者，就必然拥有相应的权利。从农村集体成员的权利限定来看，只有属于农村集体的农民才依法享有承包土地的权利，这一部分人是土地承包经营权真正的核心主体。但是从现有的国家政策和法规来看，户口是限定某个人是否享有组织成员权利的关键因素，这就导致了有当地户口和没

有当地户口的人们在承包土地时的所享有的权利是不同的。

就具体制度来看，我国现行法律在涉及土地承包经营权主体时，多用以“户”为核心的语词进行表述，如《民法通则》第 27 条“农村承包经营户”、《农村土地承包法》第 15 条“农户”等，均突出“户”的重要地位，使户籍问题与土地承包经营权主体制度之间发生了进一步的逻辑关联。因此，不论是依相关理论进行推演，还是依现行制度进行分析，均可知户籍为享有承包资格的前提，而只有具备承包资格，才能成为土地承包经营人。户籍、承包资格与土地承包经营权主体之间交织着错综复杂的关系。

从实际情况来看，要想解决户口和土地承包权之间的问题，可以从土地的作用方面考虑。随着我国改革进程的不断加快，土地最初的保证生存的作用慢慢弱化，主要体现在两个方面：一是现代农村城镇化的实现使得原来的农民不再把土地作为谋生的唯一方式；二是国家出台了一系列的制度以提高农民的生活水平，现代的农民有了更多的经济收入来源，这使得土地对于农民来说并不是必不可少的。在土地承包经营权制度的改革过程中，需要将这些实际情况考虑进去，从法律的层面科学地划定享有承包权利的人群，明确土地承包和经营权的核心主体。

4.1.2.2 “30 年”“长久不变”与土地承包经营权期限制度的建构

土地承包经营权期限的合理化必须先解决两个问题。

第一，“长久不变”是否与“30 年承包期”相矛盾？自“土地承包关系长久不变”这一政策发布以来，很多专家、学者都呼吁现有法律将土地承包经营权的期限修改为“长久不变”。关于这一点，“长久不变”是基本政策，国家提出这一政策是为了稳定现有的农村基本经营制度，对该制度进行持续完善。也就是说，这一政策不是为“期限”问题提出的，这里的“长久”指的是农民长久拥有土地承包权，可以长久从事农业生产经营活动。如果将“30 年”改为“长久不变”就违背了这一政策的基本属性。

关于土地承包经营权的性质，我国各界学者、专家曾争议良久。土地承包经营权曾在很长一段时间被视为债权，直到《农村土地承包法》将其属性确认为物权。之后，随着《物权法》颁布，土地承包经营权的物权属性得到了进一步肯定。

根据《物权法》规定，用益物权是一种以他人所有物为基础形成的物权形态，应有一定的期限限制，否则就会导致他人的所有权失去存在价值。所以，属性为用益物权的土地承包经营权也不具备长久性，也有一定的期限限制，否则集体土地的所有权将变得毫无意义。而我国农村土地制度改革的基础就是对集体土地所有权进行强化。

第二，为什么法律法规着重强调土地承包经营权的时间限制？从法律学的角度出发，农民承包使用土地过程中所享有的权利性质是用益物权，这就需要有相应的法律法规去界定行使这项权利的期限。然而，1993 年《中共中央、国务院关于当前农业和农村经济发展的若干政策措施》明确指出，之所以对土地承包经营权规定较长的期限，其政策意图在于“稳定土地承包关系，鼓励农民增加投入，提高土地的生产率”，而非出于土地承包经营权权利属性的考虑。从实际的角度出发，长期的土地承包和使用权限可以帮助承包人在发包机构面前维护自身的权益。早在土地承包制度确立之初，发包机构和承包人之间的矛盾就一直存在。发包机构凭借相关法律法规的保护以及一些当地机构所赋予的权利，总是不断地侵犯农民在土地承包和使用方面应该享有的权利，这也使得农民和农村领导干部之间的矛盾日益激化。现有的法律法规不能改变发包机构所享有的土地所有权，也就不能改变发包机构在这个过程中的位置，怎样才能最大限度地保障承包人的权益呢，这就需要国家政策来实现。通过确定一个较长时间的承包期限，保证了承包人可以在发生利益冲突时以此为依据进行维权。

在深入分析了上面两个问题之后，针对土地承包经营权的期限问题，就有了明确的改革方向。首先，在保证农民在使用土地过程中的权益物权性质不发生改变的前提下，需要出台相应的法律法规确定权利的行使期限；其次，为了保证土地的所有权不发生改变，土地承包使用的权利不能是无期限的，可以在到规定期限时，在原有的承包关系基础上进行适当的延长。综上所述，针对土地承包使用期限的界定需要制定出灵活的政策，法律法规只负责确定土地承包的最短时限和最长时限，而不是固定的期限。除此之外，双方可以在签署承包协议时，在法律允许的前提下确定详细的承包时间。

4.1.2.3 “继续承包”“减人不减地”与土地承包经营权调整制度

在第一轮和第二轮规定的土地承包时间内，家庭人口数量会随着出生和死亡发生变化。这就导致了两个问题：（1）死亡人员生前承包的土地怎么处置？（2）家庭新出生的人如何进行土地供应？土地承包经营权调整制度主要解决这两个问题。

对于该问题，《农村土地承包法》第 31 条做出了明确规定：“承包人应得的承包收益，依照继承法的规定继承。林地承包的承包人死亡，其继承人可以在承包期内继续承包。”即对林地承包经营权，仍然采用“继续承包”规则，林地承包方家庭人口减少的，其承包地并不减少。实践中，不论是林地还是耕地、草地，均统一适用继续承包规则。

“增人不增地、减人不减地”和继续承包二者的目的相同，都是为了使土地承包关系更加稳定，农村家庭人口的增减不会影响土地承包经营权，但是在实践过程中仍存在以下问题：（1）土地承包经营权的本质是用益物权，对土地享受经营管理等支配权，这种权利可以根据农民的意愿来进行变更，针对农村家庭人口出现变化而对其经营管理的土地进行调整，是符合土地承包经营权相关规定的；但是“增人不增地、减人不减地”这一主张实际上与土地承包经营权的本质相互矛盾。（2）每家每户的人口变化不同，有的家庭人口增加得多，有的相对较少，如果忽略家庭人口的变化，就会导致有的家庭地太多而种不过来，有的家庭人太多而地太少，缺乏公平性，土地的利用也不能最大化。

根据上述两个问题的本质，对新承包地调整制度提出以下建议。

（1）“增人不增地、减人不减地”这一主张对短期的农村土地发展是有利的，不过值得注意的是，其目的不是剥夺土地承包经营权的私权属性，而是避免土地因每次更换承包家庭而把土地分割细化。将土地分割细化会导致农村土地耕作更加零散，阻碍我国农业向大规模、集中生产发展，所以，我国政府在制定相关政策时必须要防止这种现象发生，“增人不增地、减人不减地”在短期保留的价值意义很大。然而土地承包经营权具私权的属性，这一主张不能剥夺农民这一权利。

（2）从长远目标来看，现在执行的土地承包经营权调整制度具有一定的弊端，要持续改进，形成动态的土地承包经营权调整制度。因为土地承包经营权具有私权的属性，政府不能强行规定土地承包经营权不得调整的这样的政策，发包方和承包方可以根据自己的意愿进行土地经营权的调整，由村民会议或村民代表大会表决做出决定。动态调整的时间可以是每年调整，也可以在规定期限内调整，如3年、5年等，由村民会议或村民代表大会表决做出决定。具体的调整方案可以分为以下情况：1）如果农村家庭死亡人口数量小于新增人口数量，即家庭人口数量增多，除了死亡家庭成员留下的土地由新增家庭成员继续承包外，该家庭所在的集体经济组织还要通过其他调整方式对该家庭的土地予以补充，调整方式主要有：其他家庭死亡人员空留的土地、农转非的家庭的土地、新开垦的土地，等等；2）如果农村家庭死亡人口数量等于新增人口数量，家庭总的数量保持平衡，家庭承包的土地不增也不减，保持原有的土地经营权；3）如果农村家庭死亡人口数量大于新增人口数量，家庭死亡人员部分土地的经营权由新增人员继续经营，多出的部分由该家庭所在的集体经济组织收回，将这些土地分给其他家庭的新增成员。

《全面深化改革的决定》以及2014年、2015年的中央一号文件，为进一步深化完善农村土地承包制度提供契机。在完善农村土地承包制度进程中面临的问题很多，在内在构造上，主要涉及主体、期限、承包地调整等问题；在权利体系上，涉及林地承包经营权、草地承包经营权等不同类型的土地承包经营权的完善问题。可以说，在土地承包领域，现行《物权法》和《农村土地承包法》彰显了弘扬私权的制度价值，然而，实践表明，因各种原因引起的农村户籍变化与土地承包经营权的紧张关系一直未有效缓解，土地承包制度的长久不变与其权利期限之间的关系亦未得到合理界定，承包地调整制度在实践中的运行也不够顺畅。在未来的土地承包制度改进过程中，应认真贯彻《全面深化改革的决定》以及相关文件的要求，充分运用已有的研究成果，回应并解决当前农村土地承包经营权在主体、期限和承包地调整等内部构造方面存在的突出问题，切实维护农民的土地承包经营权。

4.1.3 承包地调整制度的完善

前文对承包地调整制度的完善提出了初步的构想，但相关问题并未展开，下文就该承包地调整制度进行专题研讨，以期将该问题的研究引向深入。

4.1.3.1 承包地调整制度的现实困境

承包土地调整制度的相关法律规定导致土地承包经营权制度在实施过程中遇到了阻碍。

（1）土地承包经营权在新增人口和已有人口之间的矛盾。土地承包经营权要体现农村集体经济的平等性和公平性。然而《物权法》第130条与《农村土地承包法》第27条均规定：“承包期内，发包人不得调整承包地。”既然不能任意调整“载权地”，而法定“裸权地”产生之可能性又较低，新增人口就无法取得与原集体成员平等的地位，因为新增人口无法依照“按人分配、按户承包”的同等条件无偿分得承包地，其土地承包经营权的取得只能寄望于既存土地承包经营权的“（多为有偿的）流转”。这种情况导致了土地承包经营权在新增人口和已有人口之间的矛盾。

（2）土地承包经营权在新增人口和死亡人口的人之间的矛盾。“增人不增地、减人不减地”的规定下，新增人口失去了土地承包经营权，而死亡人口的土地承包经营权被家庭的其他成员享有。从法律的角度可解释为，家庭的其他成员继承了死亡人员的土地承包经营权，但是新增人口失去了土地承包经营权。

（3）土地承包经营权在男女之间的矛盾。尽管《农村土地承包法》第6条规定了“农村土地承包，妇女与男子享有平等的权利。承包中应当保护妇女的合法权益，任何组织和个人不得剥夺、侵害妇女应当享有的土地承包经营权”，而且在第30条特别强调了婚嫁妇女的承包经营权问题，即承包期内妇女结婚，在新居住地未取得承包地的，发包方不得收回其原承包地；妇女离婚或者丧偶，仍在原居住地生活或者不在原居住地生活但在新居住地未取得承包地的，发包方不得收回其原承包地。上述法律理论上是对农村妇女的土地承包经营权起到了保护作用，不过在实施的过程中却不尽如人意。在我国传统文化中，妇女结婚后采取去夫方居住的方式，女性到男方家居住；在“同姓不婚”的婚姻原则下，妇女在结婚后，离开以前具有血缘关系的家族。“承包期内不得调整土地”虽然没有直接使妇女失去土地承包经营权，不过当妇女离开自己的家外嫁到男方家庭时，她就离开了属于自己承包经营权的土地，到了男方家妇女不能得到土地，这就导致了虽然表面上有自己的土地承包经营权，但是最终不能享受和实现这种权利，对男方家庭的利益也有一定的损害，所以“承包地不得调整”这一政策在实施过程中损害了妇女的土地承包经营权，形成了土地承包经营权在男女之间的矛盾。

4.1.3.2 各地对承包地调整制度现实困境的克服

我国地域辽阔，各个地区之间的自然环境和经济发展水平存在很大的不同，利益构成存在差异。因此，各个农村地区在实施土地制度时的具体方式也有区别，这对我国土地承包制度的形成和完善产生了不同程度的影响。在党的十一届三中全会后，农村的完善土地制度工作逐渐展开，伴随着人民公社制度的废除，我国农村实施了不同的土地政策，其中最具有代表性的就是均田承包制、两田制。在国家的扶持下，均田承包制更加贴合我国农村的实际情况，因此成为目前我国农村推行最为广泛的土地经营模式，这种模式下形成的土地承包使用制度也因此成为目前我国农村土地制度的重心。当然，除了这种基本模式之外，在我国的农村还存在很多具有针对性的具体制度，其中，拍卖制度的实施是为了解决一些“四荒地”的使用问题；在政府的扶持下推进的“湄潭模式”克服了均田制效率低的缺点；“温州模式”的主要特点则是将土地以租赁的方式进行使用，等等。不同地区多样化的土地模式推动土地承包制度的发展和完善，解决问题的方式也存在差异。从最基本的均田承包制来说，它主要是根据土地的产量和土地质量将土地分为不同的级别，包括高中低产三个等级，然后根据人员数量进行分配，农民在负责纳税、完成征粮和公共提留的前提下，可以行使土地的使用权利。这就形成了具有中国特色的“按人分配、按户承包”的土地承包经营制度。现在，我国实施均田承包制度的土地大约占所有承包土地面积的一半以上。均田承包制的特点主要体现在以下几个方面。

（1）把土地平均分给全村每个人，也就是“按人分配”。农民拥有的农村集体经济组织成员权通过这种方法得以充分体现。每个农村的具体情况不同，所以按照均田承包制实施的具体分配情况也不尽相同。例如：如果全村农民分配土地的量确定下来，那么全村土地可以按照人口平均分配，也可以按照劳动地平均分配土地；如果全村土地的质量不同，能够将土地分为好、中、差三个标准，再按照离家庭的远近分类，最后平均分配给农民；将好、中、差三个标准的土地按照标准折合成一定的面积，然后分配给农民；对中等标准的土地平均分配给村民，而好和差这两个标准的土地则通过抓阄的方式分配给农民；将土地按照好、中、差三个标准进行折价分配给农民，分得好土地的农民要补给分得差土地的农民一定的差价。

（2）通过对所承包地的调整来实现平均分配，这种方式的最大特点就是动态平衡，根据农村家庭的人口数量和结构的变化重新分配土地。土地调整的年限是根据村子的情况而定，具体时间有：一年一调整、三年一调整或者五年一调整。家庭人口数量和家庭的经济水平决定是否进行土地调整。前者比如新增人口和死亡人口不平衡、女儿出嫁、娶儿媳等情况，后者是指农村家庭经济收入差距较大，如农村家庭部分成员或者所有成员生活在城里有相对较高而且稳定的收入、不需要种地来维持生计，这种情况下可将其家庭成员原本分得的地回收，分配给经济收入较低的家庭。

“平度创造”的两田制模式由山东平度高戈庄创造。1987年平度在全市施行这种土地分配制度。其本质在于将全村的土地分为两部分：口粮田和责任田，前者占土地面积的1/3，后者占土地面积的2/3。口粮田按照人均分配，除了上交农业税的部分，其他部分都归农民个人所用，主要作用是维持农民的生活需要；责任田的分配方式有三种：按照人口数量承包、按照劳动力承包和通过招标竞争的方式承包，上交必要的农业税，所得粮食的一部分上交村社或者直接上交租金、完成国家的购粮指标，主要作用是为农民和村社创收。

两田制是在均田承包制基础上的创新，其优点在于：（1）口粮田的分配延续了均田承包制的公平性；（2）责任田通过竞争的方式承包，大大地提高了农民的种田积极性和效率，避免荒田无人种的现象出现。两田制比均田承包制更能将有限的土地进行最大化地利用。但是两田制同样具有缺点：（1）当土地资源丰富时可以运用两田制的模式。如果土地资源有限，口粮田的面积占比太大，任务田的面积过小就失去其该有的作用和意义；（2）责任田通过竞争的方式承包使一部分农民失去了该有的承包经营土地的权利，这样就使得两田制失去了公平性。最终中央明文禁止了两田制分配土地的模式。

在均田承包制模式下还有很多独具特色的二级模式，其中尤以“湄潭模式”影响最大，最能代表我国土地制度的发展方向。该模式下关于承包地调整的运行机制表现出了以下两大特点。

（1）土地集体所有为本质要求，通过把土地分给农民让农民有地种，实现农民的土地使用权，这样也体现了农村土地产权关系。1）规定农民使用土地的时间。在规定时间内，土地的使用权归农民所有，增加农民用地的稳定性和积极性。2）农民的土地使用权由农民自己支配，灵活性更强。在农民使用规定时间内，可以将土地使用权继承给子女，进行转让或者转租，可用作贷款抵押，将土地使用权入股合作。这种方法充分利用农民的土地使用权，不仅体现了土地使用权的耕作价值，还体现了土地使用权在继承、收益、支配等方面的价值。

（2）在承包期内实行“增人和减少人口不再调整土地”，即“增人不增地、减人不减地”的政策。这一制度安排的出发点是为了抑制人口过快增长。工作开展初期，农村土地是根据农村家庭人口数量的多少来平均分配土地，所以家庭人口越多分得的土地就越多。在这样制度引导下，很多家庭愿意多生孩子来分配土地，使人口较快增长。虽然之后对政策进行了改革，提出“大稳定、小调整”主张，但是在实践中“小调整”仍然按照农村家庭人口数量的多少来分配土地，所以当有新出生的人口或者是妇女嫁过来男方家庭新增人口时，都得对这些家庭进行土地的增补。所以“大稳定、小调整”的政策主张虽然保护了农民土地使用权，但是没有实现降低人口增长的目的。

“湄潭模式”在发展过程中，通过相关政策增加土地容量、解决人口增长等问题。具体政策如下：1）通过开荒等形式将非耕地资源转化为农用耕地，满足人口增长的需求；2）大力发展第二和第三产业，引导农民从事相关劳动；3）鼓励农民走出土地从事其他的劳动；4）将集体土地或者人少地多的农户的地租给人多地少的农户。

（3）大力发展非耕地资源，以竞价招标、发包、出租的形式吸引企业和农民。“增人不增地、减人不减地”剥削了农村新增人口的土地使用权，由于第二和三产业发展不够充分，不能吸纳农村这些剩余劳动力，所以非耕地资源开发对土地制度的完善意义重大。贵州省湄潭县的非耕地资源比较丰富，虽然是荒山但是也不是非常贫瘠、难以开发。非耕地资源比较集中，规模很大，有利于拓荒，而且有过拓荒发展的相关记录。本地其他资源也很丰富，如热量充足、无霜期时间相对较长而且年降雨量充足。先天的资源优势激发了农民拓荒的积极性，随着荒地的开发和利用，新增人口又有了土地使用权，有利于农民的生产生活，提高了农民的生活质量。

（4）尝试土地租赁、转包、入股联营等有偿方式的经营管理。在早期计划经济中，土地的本质是公有制，必须按照已制定的计划进行无偿分配。法律规定，土地做不能作为商品以贷款抵押、租赁、入股联营等形式转让，所以土地不能按照处理商品的方式进行资源配置。到了生产责任制时期，土地同样不能进行有偿的转让。随着经济的发展，土地开始以集体的方式转让，之后更加开放，经过集体同意农民可以自行转让。“湄潭模式”通过制定土地有偿流转政策，并逐步实施，以农民土地使用权和其他相关权利为基础，把土地定位为商品，制定完善的土地经营流转政策，提高了农民的积极性和主动性，有利于土地的有效利用。具体方法有土地承包、出租、抵押、入股联营等经营流转方式。经过几十年的不断完善，“湄潭模式”已经很成熟了。商品化的发展使土地有了更多的经营模式，实现了规模化发展，同时建立了生产基地，开发了新技术并且迅速推广，形成了面向全社会的服务体系。

4.2 农村土地承包法律纠纷规则

4.2.1 “一地数包”的效力规则

《农村土地承包法》第 3 条规定，家庭承包与招标、拍卖、公开协商等这两种是农村土地承包方式。在用其他方式进行承包出现问题时，如“一地数包”等的解决方法是依据《最高人民法院关于审理涉及农村土地承包纠纷案件适用法律问题的解释》(法释[2005] 6号)(以下简称法释[2005] 6号)第20条的相关规定，然而其规定的三种情形在法理与逻辑方面都具有矛盾之处。

第一种处理情形肯定了登记在先的做法，这与相关法律规定一致，应以肯定。如果第三人明知发包方已与他人签订合同，仍与发包人签订合同并先行登记，在这种情况下，其是否仍能取得土地承包经营权值得质疑。最高法认为应适用于“得被申请确认无效”或者“恶意不被保护”等规定。

第二种处理情形是以《农村土地承包法》第22条“承包合同自成立之日起生效，承包方自承包合同生效时取得土地承包经营权”和《物权法》第127条“土地承包经营权自土地承包经营权合同生效时设立”的规定为依据的。然而，前者规定于第二章的“家庭承包”部分，这部法律分别于不同的章节中规定了家庭承包和其他方式承包，从体系解释角度分析，对于适用范围即对于是否适用于其他方式的承包有质疑之处。后者对于是在合同生效时取得其他方式承包的土地承包经营权还是在登记时取得，没有明确规定。

对于上述问题，不同的理论有不同的理解，合同生效主义、登记要件主义以及折中者都有，但是这些主张都会引发其他问题。登记要件主义在《物权法》第187条中可以找到依据，此外这种主张和对两种不同方式的土地承包经营权进行区分以及对应的不同规则，具有出发点的相同性。但是这种登记要件主义存在一些问题，具体如下：在土地承包经营权登记问题方面，若采取《物权法》第127条的相关规定，则对应的是非登记要件主义，而《物权法》《农村土地承包法》等法律的规定与登记对抗主义具有一致性。

这一主张要先考虑合法性。与初衷相吻合吗？对于土地承包经营权的取得是否应该同等对待家庭方式以及市场方式？第二个要面对的问题是对于土地承包经营权的取得，抵押时要登记，其他时候又没有登记要求。面对这种情况，能否给出逻辑上的合理解释？法律上取得重于抵押，这样矛盾就产生了，为什么相对于后果较严重的取得，较轻的抵押有着更为严格的限定和要求？所以，是采取登记对抗主义还是登记要件主义以应对其他方式承包的土地承包经营权的取得这个问题没有得到合理解决，就不能在遇到“一地数包”而又均未登记的问题时有效解决土地承包经营权归属权的问题。

第三种处理情形的法律依据是“民法上的占有原则”，但是对于依据的可成立性值得怀疑。法律中先占规则的适用对象是无主动产，但土地是有主的，也不是动产，此外在我国《物权法》中，并没有先占为物权取得方式的规定。时效是适用于不动产的取得方式，但是《物权法》并没有对此的明确规定，如果参照外国法，也有一定前提即要想获得不动产的权利必须占有不动产达数十年，我国农村地区基本无法满足此要求。此外，如果依据这种方式进行处理就不能和民法上“一物数卖”的处理规则保持一致性。虽然“一地数包”无法等同于“一物数卖”，但是它们具有相同性，从这方面来说在法律上应该具有共通性。但是“一物数卖”是谁先完成公示谁优先取得物权。矛盾的是占有不是不动产的取得方式，在此处是谁先完成公示谁优先取得物。所以，法释 [2005] 6 号第 20 条虽然在保护既定的土地占有等方面有相关规定，但也无法理和立法的支持。

还需要注意的是，如果一个人在取得土地承包经营权后，再将经营权转给两个以上的人的话，这时候应该怎么处理？依上述规定的精神推论，就应以法释 [2005] 6 号第 20 条为法律依据，但是这样在法理上无法成立，也不能与其他法律如《物权法》《农村土地承包法》等保持一致性。但是若做其他处理，就会产生矛盾。

综合以上可以得出，法释 [2005] 6 号第 20 条的规定不具有严谨性，在相关近似制度的借鉴、恶意当事人的法律地位等方面都考虑不周。此外，在占有原则的适用范围、立法模式等方面也欠缺考虑，所以与既定的民法相比，该规定与其有众多冲突之处，不能与现有物权法制度保持一致，所以应依相关法理重新构筑。

4.2.2 “一地数包”效力规则的基本设想

结合以上分析，“一地数包”时的法律规则可以分以下几种情况重新构建。

首先，如果承包方都依法进行登记了，则土地承包经营权归登记的承包方获得。由于土地承包经营权登记程序很严格，所以同一土地重复进行登记的可能性很小。然而，重复登记现象也非完全不可能出现，因为还有当事人与登记部门恶意串通的可能，登记部门自身的原因也可能导致这种情况出现，所以不能说绝对不会出现重复登记现象。当这种情况出现时，应结合物权的排他效力原则解决问题。所以，土地承包经营权应该由先登记者获得，后登记者可依法索赔。如果存在恶意串通现象，对于土地承包经营权，先登记者不具有优先取得权。

其次，登记者优先于未登记者。如果没有登记，就不具有优先权。由于物权优先于债权，所以已登记的优先于未登记的。此外，还需要设立一些例外规则。

最后，优先顺序问题在都没有登记的情况下要进行多重考虑。没登记则没有取得经营权。在这种情况下，不能适用于物权优先于债权的效力规则。从理论上来说，可能会由此出现“次序等同”“合同在先”。前者主张土地承包经营权由合同生效在先的获得，后者主张两者没有先后之分。合同在先说是法释 [2005] 6 号第 20 条采用的主张。针对这个问题，虽然合同在先说具有一定的道理，但是，两者相比次序同等说的理由更具说服力：一是只有承包经营权合同未办登记的，基于登记要件主义，并没有获得具有物权意义的土地承包经营权。如果不依据登记要件主义，而依据登记对抗主义之立法，合同在先原则也不具有适用性。二是对于土地承包经营权，如果没有登记的话则不具有对抗第三人的效力，恶意当事人应当是第三人中的一种。然而依据合同在先说，合同先生效者优先，不考虑登记与否问题，如果这样的话，就会造成后一土地承包经营权人就算是善意的，恶意当事人的地位仍高于其地位。这种情况有悖逻辑，也不符合立法本意。三是合同在先规则将会导致不公平现象产生，危害交易的安全性。在前一土地承包经营权未经公示的情况下，后面的人根本无法了解到其所承包土地之上已存在负担。当不是本集体经济组织成员的个人或者单位作为承包方时，这点尤为突出，而对于后一土地承包经营权人，法律也不应该强加其查寻没有公示表征的土地承包经营权是否已被他人获得的义务。后一土地承包经营权人如果依据合同在先原则，即使在不知情的情况下复设了未登记的土地承包经营权，他的合法权益也无法得到保障。此外，不能避免发包人和承包经营权人恶意串通，通过变动签约日期或者虚填的方式从而与和其他人在土地承包经营权的归属上获得优先地位，这是合同优先原则的弊端。因为这些原因，在都没有登记的情况下应遵循土地承包经营权次序同等说，而合同优先说则不具可取性。

土地承包经营权究竟应由谁享有，土地承包经营权次序等同并没有给出解决办法。针对这种情况，应依据现行法律规定的其他方式，由发包方在一定范围内重新发包。 已和发包方签订了合同的承包人是这次重新发包的承包方范围。但是有的人认为这样仍旧无法直接解决土地承包经营权的归属问题。针对这种情况，可以采取直接确定权利归属规则的办法，但是新的纠纷可能会在重新发包过程中产生。这种情况是有可能发生的。但是，不能出于解决一次性纠纷的目的而致使司法裁判的判决是在违背法理以及法律规定下做出的。当事人之间的纷争并不是在土地承包经营权归属得到强制性判决的时候就能一劳永逸地解决的。登记要件主义对于不登记而有合同的承包人判决不支持其拥有土地承包经营权是没有问题的，但是就登记对抗主义而言，对于在其中的没有登记的承包人与其他未登记的人有对抗时给予支持是没有法律依据的。但是承包方如果未登记，也不能说明就是他的过失，再支持就不合理。所以，在对各种情况都给以分析的情况下可以得出“重新发包”更具法理上的说服力的结论。此外，因为已和发包方签订了合同的承包人是重新发包的承包人的范围，这样土地承包经营权仍然是在各承包人内部进行分配的，所以承包人的承包利益也得到了一定程度的维护。此外，在“一地数包”情况下，如果发包人都有过失之处，则与前述规则类似，所以不能作为依据去解决“一地数包”问题，而应予废除。

在实际生活中，招标、拍卖等方式常会导致恶意串通具有表面上的合法性，进一步致使“一地数包”的现象在土地承包经营权发包过程中经常出现，所以怎样有效解决问题必须重视。本节对应该注意的问题从解释论角度进行了论证，然后基于此给出了修正建议。结合以上分析，可对法释 [2005] 6 号第 20 条的规定进行一些改动，具体如下：

发包方与多人签订合同，各承包方均主张获得经营权，应根据具体情形采取不同的处理方式。

（1）如果承包方已经依法进行登记，则其取得土地承包经营权。

（2）针对不同承包方主体，如果其都已登记，则土地承包经营权归先登记者所有。

（3）各包方都未依法登记，应依照法律规定由发包人重新发包。

如果承包方在与发包方签订承包合同时就了解到所承包的土地已经被他人承包的话，则不能成为确定土地承包经营权的依据。

4.2.3 发包方违法收回承包地纠纷处理的规则

实际生活中土地承包经营权流转纠纷最常见的问题是发包方违法收回承包地。对于因发包方违法收回承包地而带来的纠纷问题，法释 [2005] 6 号确定了如下规则："因发包方违法收回、调整承包地，或者因发包方收回承包方弃耕、撂荒的承包地产生的纠纷，按照下列情形，分别处理：（1）发包方未将承包地另行发包，承包方请求返还承包地的，应予支持；（2）发包方已将承包地另行发包给第三人，承包方以发包方和第三人为共同被告，请求确认其所签订的承包合同无效、返还承包地并赔偿损失的，应予支持。但属于承包方弃耕、撂荒情形的，对其赔偿损失的诉讼请求，不予支持。前款第（2）项所称的第三人，请求受益方补偿其在承包地上的合理投入的，应予支持。"这一规定在法理上难以经得住推敲，在逻辑上存在较多矛盾之处。司法实践中，该规定的实施效率也不够理想。因此，有必要就该条的完善问题进行研究。

4.2.3.1 法释 [2005] 6 号第 6 条的法理与逻辑矛盾

招标、拍卖、公开协商等方式以及家庭承包方式是农村土地承包的两种类型。土地承包经营权经以家庭承包方式获得后被违法收回的问题，是法释 [2005] 6 号第 6 条所要解决的。但是在法理与逻辑上，该规定涉及的效力规则具有多处失当之处。

首先，对于当事人的善意与恶意，该规定在进行合同无效规则的设计中没有给予考虑。但是"善意倾斜保护"和"恶意不受保护"在民法上有相关规定。根据此条款，在发包方与多人签订合同时第一承包人可请求确认其无效，并返还承包地。这样的处理方法如果是基于第三人出于恶意的话则没有不妥之处，但是这样的处理方法并不适用于善意的第三人。

其次，对于民事责任的具体形态，该项规定在进行赔偿损失方面考虑不周。因为责任的类型不同，有连带责任、补充责任等，所以在法律中，如果民事责任是多个当事人同时需要加以承担时就必须明确其具体形态如何。但是，依据此条第 1 款第 2 项的规定，如果发包方将已收回的承包地另行发包给第三人，则承包方可将发包方和第三人作为共同被告诉至法院，要求其赔偿损失。民事责任的主要内容之一就是赔偿损失，在诉讼时将二者以共同被告身份进行，从诉讼法角度而言并没有不妥之处。但是，就赔偿损失的责任问题，二者适用于何种责任，是按份责任、补充责任或是连带责任，其并没有给出明确说明。这就导致遇到这种问题时，难以对二者追究责任。还应注意到的是，依据民事责任的基本原理，第三人于土地承包经营权上构成侵权是对第三人赔偿损失责任确认的前提。然而，一般的侵权责任的要件都是行为人，没有过错就没有责任依据。依据前面的叙述，并没有进行善恶之分。恶意情况下认定有过错可以成立，但如果是善意的就不合理了。

最后，对于是否具有可操作性，该规定在进行补偿投入规则设计时也没有考虑。第三人获得承包地之后在土地上进行了合理投入，在土地被收回后可以向受益方请求补偿。但是并没有明确规定此处的受益方到底是承包方还是发包方。依据实际情况，利益通常是发包方违法收回承包地的出发点，因为再次发包给第三人会由此获得更多利益。从这个角度看，受益人应包含发包方。但是，承包方在获得承包地后，承包方将会继续享受第三人原先在承包地的合理投入所带来的利益，从这个角度看，受益人也应该包含承包方。这样就导致了问题的出现：第三人的合理投入向谁索赔？对于是补充责任、按份责任还是连带责任等补偿的性质应该怎样定义？上述问题在本条第 2 款的规定中不能找到解决依据。依据这条规定，似乎所有的第三人均享有补偿权，这样的第三人范围就与“恶意不受保护”的法理相悖。更为重要的是，这样就会造成第三人出于恶意目的大规模地在土地上进行投入然后索赔，这样的话又会引发新问题。

以上阐述说明，在法理和逻辑上，法释 [2005] 6 号第 6 条的规定都难以自洽，对于多个受益人的责任认定、出于恶意与善意不同目的的第三人的法律地位等方面也没有考虑充分。这些问题导致该条规定和通行的民法法理有很多矛盾的地方，并不能成为现行农村土地承包法律制度中和谐的组成部分，所以该条规定还应该依据相关法理重新建构。

4.2.3.2 法释 [2005] 6 号第 6 条的规则

A 关于承包地的收回

“因发包方非法调整、收回承包土地，或因发包方收回承包方撂荒、弃荒的承包地”而造成的民事纠纷，可以由该条规定进行依法解决。所以在完善相关规则之前，一定要明确发包方调整、收回承包地的行为是否是违法行为，并明确违法行为和发包方收回撂荒、弃耕的承包地是否存在直接关系。

我国现行的法律明文规定，为了保障承包方在承包土地期间获得应有的收益，原则上发包方在承包时期内不能将承包地收回。在实践操作中，发包方一般会在以下几种情形下违法收回承包地：第一种情况是承包方举家迁入并落户在小城镇。在这种情况下，承包方可以留有土地承包权，也可以依法将该权利进行流转。发包方一般会认为承包方已经落户小城镇且有稳定收入，可能会违法收回承包地。第二种情况是妇女的土地承包经营权。发包方一般会在女性结婚之后收回她的承包权。然而《农村土地承包法》的第30条明文规定，女性如果结婚但在新居住地没有承包地，发包方是不准收回承包地的。除此之外，女性丧偶、离婚之后或迁入新居住地或留在原地，不管是哪一种情况发包方都不可以在女性拥有新的承包地之前就收回承包地。第三种情况是发包方单方面解除土地承包经营合同。

目前法律明确规定，发包方不能非法解除土地承包经营合同。还有一点值得注意，如果在承包土地期间，承包方举家迁入城市且成为城市户口，那么他所承包的耕地和草地都要交回发包方。发包方有权利收回自己的承包地。

目前我国的法律原则上在调整承包地问题上持不调整的态度。法律只允许两种调整承包地的情况：第一种情况是因为自然灾害而严重损坏的承包地，可以调整受到损失的承包方的承包土地；第二种情况是发包方合法留有的机动地、承包方合法收回或资源交回的承包地、合法垦荒而增加的土地。发包方可以依法调整土地以满足农户的承包需求。除此之外，任何情况下发包方调整承包地都是违法的。

《农村土地承包法》并没有明文规定撂荒、弃耕承包地的处理办法。在我国目前法律中《土地管理法》有部分条例对其进行规范。按照法律规定，如果承包方撂荒、弃耕时间长达两年以上，发包方便可以依法取消土地承包经营合同，依法收回自己的承包地。这也就是说如果撂荒、弃耕承包地时间不够两年，发包方是没有权利收回承包地的。除此之外，承包方按照法律规定将土地流转给他人使用，即使自己不亲自耕种也不属于撂荒、弃耕承包地的情形，发包方也是没有权利收回承包地的。所以撂荒、弃耕承包地主要涉及发包方能否依法收回自己的承包地，可以归入发包方收回承包地的范围之内，而并不是个别独立的法律问题。

B　关于第三人善恶意及其责任承担

假若发包方在非法调整、收回承包地之后，又把这块土地私自承包给第三人，那么第三个人会承担怎样的法律问题呢？可以按照第三人是否善意对不同情况进行区分。

如果第三人是善意的承包，并不知道他所承包的土地存在违法调整或收回的情况，法律应该保护第三人的合法权益。考虑到发包方终身享受承包地的所有权，所以将土地承包给第三人也是行使自己的处分权，且第三人是善意承包，所以应该认定第三人和承包方的土地承包经营合同是有效的；同时承包方与发包方的土地承包经营合同也是有效合同，但这导致出现两份有效合同、两个合法承包人一起竞争同一块承包地的问题。可以依据物权公示效力的规则来进行裁决。当前我国法律明确规定，在两份土地承包合同都有效的情况下，要按照是否登记、登记顺序来确定物权生效的顺序，最终确定谁来承包这块土地。换言之，假若一方登记而另外一方没有登记，那么依法登记的一方就可以拿到土地承包经营权。假若两方都依法登记，那么早登记的一方就可以拿到土地承包经营权；假若两方都没有登记，那么要按照谁先确定承包土地的顺序确定谁可享受土地承包经营权。目前，我国的土地承包经营登记制度还不完备，大多数的农民的法律意识还比较薄弱，所以一般不会出现双方都依法登记的情况，但在实际操作中会经常出现其他情形。在实践操作中还会遇到因为登记部门的原因而导致重复登记土地承包经营权的情况。除此之外，如果第三人是善意的承包，那么不管他是否享受土地承包经营权，都不用赔偿承包方的所有损失，这个责任应该有发包方来承担。

如果第三人已经依法登记而承包方没登记，那么第三人将按照规定获得土地承包经营权。还有一些看法认为法律不够维护承包方的利益。

在比较土地承包经营权人与他人利益的时候，必须维护前者的利益。这一观点不能成立，原因有以下三点。

首先，这种观点不符合我国的社会农村发展现状。目前我国农民的收入稳步增加，农村的社会保障制度也在不断健全。从保障农民生存层面上看土地承包经营权的现实意义已经大幅度减弱。农民失去土地承包经营权并不意味着他已经无法生存。

其次，这种观点没有考虑到第三人的身份。在我国所有的土地承包形式中，大多数是本集体经济组织的成员以家庭的方式进行承包，本经济集体组织之外的人多以其他形式承包。

一般是以无偿方式呈现的家庭方式的承包才会发生不按照法律调整、收回承包地的情况，而很少发生其他类型的有偿承包的情况。这说明承包发包方非法调整、收回的承包地的第三人大多也是农民，也是本集体经济组织的一分子。承包方是农民，第三人也是农民，那么不管谁能承包土地经营权都是非常重要的，因此就不能忽视第三人的利益而只重视承包方的利益。

最后，如果第三人有恶意承包的意愿，那么上面的观点或许有理由。但是如果第三人是善意承包的话，就不能不维护第三人的合法利益，不能违背民法的善意原理。其实，假若承包方在签订土地承包经营合同以后，就马上按照法律对土地承包经营权进行登记，这意味着即使第三人是善意的承包，能以先登记为理由享受土地的承包经营权，即第三人享受优先权利。此外，即使承包方无法享受土地承包经营权，也能依法向发包方索取赔偿。所以这些规则并不会损害先承包土地一方的合法权益。

如果第三人明知道发包方有非法调整、收回承包地的问题，而依旧和发包方签订承包合同，那么便会成为违法的第三人，法律也不再会对其倾斜保护。那么发包方和恶意第三人之间签订的合同会被认为是无效的土地承包经营合同。而且按照物权公示效力的规则，因为第三方恶意承包，那么即便第三方先登记土地承包经营权，也不能比先承包一方享受更多权利。总而言之，承包方如果认定发包方和第三方之间的承包合同是无效的，便可以提出申请要求返还其承包地。

如果认定恶意的第三人无法享受土地承包经营权，还要进一步规定其所应该承担的责任。第三人存在恶意承包就说明他有过错，便可以让其承担应有的民事责任。主要民事责任类型有按份责任、连带责任、补充责任。下面将恶意承包的第三人定性为补充责任。如果是案件的当事人事先恶意串通共同实施侵权，这样的行为可以定性为连带责任。通常按照当事人有明确约定或者法律的明确规定为准。如果发包方调整、收回承包地并进行二次承包，那么即使第三人存在恶意承包的行为，不能说与发包方串通一气，所以不适合用连带责任来定性两者之间的关系。有一种情况例外，那就是有确凿证明能够证实发包方与第三人彼此恶意串通，那么根据《中华人民共和国侵权责任法》规定，当事人负有连带责任，不用在司法解释中重复。按份责任多用于多种原因一种结果的侵权行为，也就是因为多种原因而造成同一种结果的侵权行为。即不管哪个侵害人都无法造成最终的侵害行为，而是多种原因共同作用才引发侵害后果。如果是当事人的主观过错可视为过失；如果是当事人的故意行为便可认为是共同侵权。若第三人是恶意承包，即已经存在主观行为，且发包方非法调整、收回承包地，并已造成恶劣后果，没有第三人的承包就已经伤害到承包方的权益，所以第三人不用承担按份责任。

第三人需承担补充责任有法理的有力支持：第一，是发包方明显是第一责任人，第三人即便是出于恶意承包也不需要承担主要的责任，所以在这种法律纠纷中只需承担与其过错程度相当的补充责任；第二，是在一般情况下，作为集体经济组织的发包方的经济实力更强大，让发包方承担赔偿责任，第三人承担补充责任，这样可以避免因为第三人经济实力弱而导致无力赔偿的情况；第三，第三人在通常情况下要承担补充责任，但也会发生第三人和发包方共同侵权所承担的连带责任，所以也会让第三人承担均衡的民事责任，维护民事责任的均衡原理。

C　关于投入补偿规则

有两个关键问题需要在投入补偿规则中加以解决。第一个问题是如何确定第三人的享受补偿范围。坚持按照第三人是否善意为准则对不同情况进行处理。如果第三人是善意承包且登记在前，那么就可以享受土地承包经营权，如果没有任何损失也就不存在赔偿问题；如果是承包方先登记，那么便由承包方享受土地承包经营权。如果第三人存在恶意承包行为，那么就不能享受土地承包经营权。这也就意味着不能对土地上的投入要求赔偿。在这种情况下，第三人既不能享受土地承包经营权，也无法收回土地上的投入。第三人蒙受损失本身就不是个人过错所造成，主要是因为发包方的非法行为所导致。所以这种情况是因为第三人和发包方的共同错误所导致的承包合同无效，造成的相关损失应该根据双方的责任大小分别承担，所以要衡量第三方与发包方的过失程度，判断恶意第三人的土地投入是否能获得赔偿。可以根据《中华人民共和国合同法》的第58条规定依法处置，无须在相关司法解释中再另立规则。

第二个问题是如何确定补偿义务人的范围。法释[2005] 6号第6条采用“受益人”的概念，但是这个概念的范围太大了，因为承包方、发包方都可能会得到益处，所以不适合继续使用，需要明确哪些才是补偿义务人。可以是承包方补偿给第三人。原因在于，如果第三人无法获得土地承包经营权就可以主张获得赔偿。在这种情况下，承包方获得土地承包经营权，承包地所衍生出的利益也将由承包方继续享受。承包人直接享受第三方在土地上所投入的利益，所以承包方更适合赔偿第三人。那么造成承包方损失的原因就在于发包方违法处理承包地，所以承包方补偿第三人以后可以向发包方索要赔偿。如果第三人恶意承包，那他的损失要按照其和发包方的错误大小确定，这种情况不再适宜补偿义务人的范围。

4.2.3.3 法释[2005] 6号第6条的修正建议

法释[2005] 6号第6条对发包方非法调整、收回承包地与发包方收回承包方撂荒、弃耕两者关系的叙述不清晰，需要进行调整，第三人善意与恶意，以及恶意第三人如何赔偿、恶意第三人应该承担怎样的责任等问题都没有规范，需要在具体的细节上进行完善。

4.3 基于现代化视域的农地软法治理

党的十八届三中全会通过的《全面深化改革的决定》提出全面深化改革的总体目标，就是要稳步推进国家治理体系和治理能力的现代化。在这个改革进程中，推进农地治理的现代化是国家现代化发展中的重中之重，因此受到了学界的广泛关注与探讨。但是大多数的研究都是从强化土地的硬法治理切入，而忽视了软法资源在农地治理上的关键作用，不能准确掌握我国农村现实状况和农业传统。本书致力于破除学术界以硬法为研究角度进行农地治理的弊端，着重研究软法资源在农地治理过程中的应用，将软法治理与农地治理的现代化紧密结合。

4.3.1 农地软法治理与国家治理现代化的时代呼应

软法是一种新型的法学研究范式，和硬法的应用方式完全不同。一般情况下，硬法就是利用国家的强制力量促进法律得以实施的完整性规范，软法就是不借助国家强制力量但有特殊社会效应的不完整规范。软法和硬法之间的区分就看是否有国家的强制力量介入。从严格意义层面上，软法虽然不是法律规范，但即使不依靠国家的强制力量，也有与之相配套的行为规范。如果这些规范能够得到广泛的遵守，那么便会有良好的社会效应。农地治理与软法推广相结合，符合我国的现代化发展目标，也是推进农地制度改革的重点课题。

4.3.1.1 农地软法治理与基层协商民主的天然契合

乡规民约是广大农民在农地治理的实际操作中共同达成的，这是推行农地软法治理的根源之一。乡规民约深深扎根于我国农村之中，是存在于我国农村社会的一种普遍治理模式。乡规民约的具体内容靠农民之间协商确定，所以乡规民约带有基本协商的民主气息。大力推进社会主义的民主政治建设、协商民主的制度化发展有利于推进国家治理的现代化。大力发展基层民主和大力推进协商民主是建设基层协商民主制度的两大核心内容。《全面深化改革的决定》对协商民主进行了明确阐述："推进协商民主广泛多层制度化发展。在党的领导下，以经济社会发展重大问题和涉及群众切身利益的实际问题为内容，在全社会开展广泛协商。"而发展基层民主，也是《全面深化改革的决定》所明确的重要目标之一。同时，《全面深化改革的决定》也将协商民主与基层民主进行统合，并提出了具体的建设任务："开展形式多样的基层民主协商，推进基层协商制度化，建立健全居民、村民监督机制，促进群众在城乡社区治理、基层公共事务和公益事业中依法自我管理、自我服务、自我教育、自我监督。"国家治理现代化进程中对基层协商民主的大力推动，必将使乡规民约在基层治理中发挥重要的作用，从而进一步推进农地软法治理的现代化。

20 世纪后期，欧洲政治理论有个重要课题就是协商民主理论。这个理论的核心就是同一个集体中的所有成员要借助自由、平等的讨论和对话一起制定公共规则。这个公共规则要对集体中的所有成员都有一定程度的约束力量，让所有的成员都可以公平参与集体决策。在民主基础上所创建的规则也会让共同成员自觉遵守。我国目前实行集体土地所有制就把基层农地治理的范围锁定在集体经济组织内。协商民主理论在农地治理范畴内得到了充分体现，集体经济的所有成员一起协商，借助基层民主的形式来制定大家都遵守的乡规民约。乡规民约离不开集体成员的自我管理和监督，摒弃了硬法的干扰。集体成员普遍遵守乡规民约，具有良好的社会效果。

4.3.1.2 农地软法治理与规范多元主义的理论接应

农地合作社所制定的团体制度、农地行业组织所规定的制度都是农地软法的治理渊源。这些制度都是软法的范畴，在农地治理中的地位非常关键，让规范农地治理的来源更加多元化。

后现代主义不断崛起之后，规范多元主义便应运而生。规范多元主义是一种新型的法律规范理论。硬法在传统法律理念中是最重要的手段，软法因为没有强有力的国家支持，通常不被看成国家治理的工具。硬法的思维、方法与概念随着社会的飞速发展而不断改变。多元社会背景下滋生了多元诉求，也产生了多元化的价值观。人们逐渐认可社会规范的多元化，开始减少以国家强制力为主的硬法，逐渐增加以社会自律规范为主的软法。这也成为后现代主义法律理论所关注的重点。

与农地密切相关的群体，主要是生活在广大农村、以农地为基本生活保障的农民，农民自发制定的乡规民约、通过加入专业合作社并在此基础上制定的团体章程，以及行业的组织章程，都是农民借助自律的社会规范实现对土地的管理。我国正在逐步深入推进国家治理现代化，在这个关键的转型时期农地软法理念占据重要地位。农地软法理念能够深入了解建设我国法制所需要的法制资源，通过方法论从静止、单一的硬法农地治理向多元、动态的农地软法治理转化，逐渐解决硬法治理一直存在的如针对性差、操作性不流畅、效果不显著等问题，进而促进农地治理的社会效果和法律效果的有效整合。

4.3.1.3 农地软法治理与法律政策互动理论的现实关切

软法并不依赖国家强制力。国家政府或者相关部门制定的一些政策性文件虽然涉及农地治理，但并没有法律强制力，也应该归入到农地软法治理的范围内。“三农”问题的核心问题是农地问题。各级政府及有关部门陆续发布了相关政策文件以期能够解决“三农”问题。其中大量地涉及农地问题，由政府和主管部门专门发布的与农地治理有关的文件非常多。这些具有政策性质的文件只能归到软法范畴之内，还没能进入硬法的范围内。政策在我国的农地治理过程中发挥了关键作用，促进了农地治理现代化的进程，要充分重视政策的重要性。

《全面推进依法治国的决定》明确指出：“发挥政策和法律的各自优势，促进党的政策和国家法律互联互动。”因此，在农地治理领域，尤其应注意发挥政策的治理优势，从而使农地的软法治理与硬法治理相互结合，共同完成农地治理现代化的时代使命。

统筹整合现代各国家的法治实践。目前存在一种普遍现象就是政策越来越多，法律的功能越来越弱化。在法国的社会规范结构中，“条例是原则，法律是例外”。在美国，“法律只是漂浮在大海中的少数孤岛”。政策在调整社会生活中要灵活以适应其扩张规划，农地治理也体现了这种政策。我国从实施农村承包制度以来，已经经过了三十多年的实践。其间，我国农村发生了翻天覆地的变化，农地治理工作也在不断接受新的挑战，各种问题层出不穷。如果是只靠国家法律进行治理，是无法有效解决各种复杂的农地问题的。所以，我国农地治理模式呈现出政策引导、法律跟进的发展趋势。

实际上，《全面深化改革的决定》在农地治理领域中的政策性突破，如赋予土地承包经营权抵押权能、推进农民住房财产权担保和转让、建立城乡统一的建设用地市场等，无不是这种农地治理模式的表现形式。农地治理领域依赖于政策的实施，可以解决国家立法进程太缓慢、太重形式等问题，正好适宜我国目前的农村土地制度，可以快速回应农地治理对于实质合理性和实体正义的向往。因此，要努力发挥软法治理，逐渐促进农地治理不断现代化。

4.3.2 农地软法治理的路径优化

农地的有效治理不可能仅仅是一种单一的自上而下的或自下而上的单向度的治理过程，而应是形而上的归纳与形而下的演绎的复合治理过程。作为国家治理现代化的重要组成部分，农地的软法治理具有理论上的正当性，也符合当前深化农地制度改革的现实需求。农地软法治理的优化，应主要从多元化的农地软法渊源角度进行审视，考量乡规民约、行业规章、团体章程以及国家政策的价值诉求，使其与农地治理之间实现有效的衔接。

4.3.2.1 推进乡规民约制定程序的民主化建设

很多农民都遵守乡规民约，认可乡规民约所规定的内容。乡规民约是农村软法治理的重要手段。农民认同感的社会原因有两个：第一是乡规民约源于乡村社会的文化传统，扎根于长久的农民生活之中；第二是乡规民约源于乡村基层协商民主，是农民之间平等关系的体现。平等协商让乡规民约带有实质性的正义，而基层协商民主让乡规民约带有程序性的正义。所以要不断完善基层协商民主制度，促进乡规民约的有效实现，让正当程序保障农民集体治理土地的意志。

农村基层政权往往钳制农民的自由意志，这成为乡规民约民主化建设进程中的最大阻碍。我国法律设置农村基层政权，本意是让该政权能够维护农民利益，为农民利益发声；但现实状况却不尽如人意。当前我国在基层乡村治理上还存在很多问题，而乡规民约不需要基层政权的直接参与，只要能保证所有成员的民主权利，让集体成员平等协商，就能使村民之间的竞争相对公平化。集体成员的平等辩论不断推进乡规民约的制定，让决策方案适用范围从少数人扩展到多数人能够接受，由多数人接受扩展到全体人接受的过程，同时也是不断修改原方案、原决策，让最终实施的方案能够顾全到集体所有成员的利益的过程。基层组织要有意识地组织和引导整个过程，但一定不能损害基层民主的正常程序，也不能损害农民的民主权利。

乡规民约的制定程序要实现真正的民主，在此基础上还要努力推进农地纠纷解决机制的民主化。乡村社会产生纠纷的最主要原因就在于农地利益。乡规民约在解决农地利益纠纷时一般会通过两种形式：一是提前预防。在制定乡规民约的过程中，所有成员要提前知道可能会出现的利益纠纷，经过深入的探讨再按照民主程序形成决策，防止发生与农地利益有关的纠纷。农民也要对农地集体利益承担其应有的责任，让村民彼此之间可以互相理解，最终严格遵守这个牵涉集体利益的决策。二是事后解决。乡规民约不牵扯具体的解决内容，只规定解决农地利益纠纷的机制，等到纠纷真正发生之后再启动机制，让村民以协商的形式解决纠纷。

若农地利益纠纷仅涉及集体内的少数村民，则由其相互协商解决即可，这种解决方式是一种私人之间的自治，无须启动乡规民约中的民主协商机制；若农地利益纠纷涉及集体内的多数乃至全体成员，则意味着该程序的启动成为必要。无论是何种解决方法，都要考虑到基层协商民主，以此为前提构建出解决纠纷的机制。在这个过程中也可以看到集体成员在治理农地过程中的意志。

4.3.2.2 强化农地行业规章与团体章程的自律属性

团体规章和农地行业的章程具有自律属性。这种自律属性包含两层含义，即内部自律性和外部自律性。内部自律性主要是调节行业团体内部、行业协会各成员之间的关系；外部自律性主要是调节行业团体、行业协会和政府部门的关系。这里所说的行业协会主要负责制定团体章程和行业规章。

以行业协会为例，近年来随着市场经济不断转型，行业协会的数量迅猛增加，土地行业协会也是如此，成立了很多新协会，比如中国土地投资协会、中国土地协会等。

按照生成行业协会的路径不同，协会大概可以分为两种形式：一类是由政府的相关部门出面组建的行业协会，以促进政府组织机构改革与市场经济发展；第二类是社会公众或者相关的部门单位自愿成立的行业协会，以促进市场经济的发展。当前自发形成的行业协会没有政府部门的制约，所以可以保证其自身的外部自律性；而政府所组建的行业协会一般都挂靠在政府部门，其中的领导也多是政府人员，它的外部自律性显然要差一些，也没有更好的措施对其进行保障。行业协会以政府结构改革为基础，必然要受到行政权力的制衡，如果行政权力延伸到行业协会自身，那么行业协会的规章制度就无法顺利推进。所以《全面深化改革的决定》明确指出，要“限期实现行业协会商会与行政机关真正脱钩”。全面深化改革要全面解决政府转型过程中出现的问题，尽量阻止各类政府机构参与行业协会、行业团体的创建与运营，防止政府权力对其产生影响，让各协会、团体维持自治属性，不断优化行业规章制度和团体章程，以保证软法治理效果。

农地软法治理要想不断优化，也要依靠行业团体和行业协会的内部自律性。

各类团体和协会虽然在市场经济下自发形成，在外部自律性上不容易受到政府权力的制约，但还需要进一步深化改革其内部自律性。通常在某个行业中的具有优势地位的组织或者个人更容易成为自发型协会的组织者。优势成员的不断参与能够有效推进协会的运作。但在实践操作中，正是因为优势成员占据了协会主导地位，可能发生以权谋私的情况，并最终破坏协会的内部自律性。破坏的形式有很多，比如不让弱势成员自由表达自己的意志，即使是在制定内部规章制度时也不让其随便发言，利用自己的主导地位实行一票否决权，减少弱势成员的内部救济途径，让弱势成员无法顺利在监事会和理事会自由表决等。行业团体、行业协会都是由不同成员构成的社会群体，这个社会群体的成员有不同的利益趋向、不同的价值观念，所以在制定团体章程、协会规章的过程中，要尊重不同成员的意志表达，要维护所有成员的利益权益。优势成员控制着协会的运作过程，以此为基础创设团队的章程、规章，若这些章程、规章得不到集体成员的普遍认可，就不能发挥软法治理的效果。我们要不断强化自发成立的协会与团体的自律性。所有集体成员在资产、组织形式、规模、人员等方面都存在不同的差异，但这种差异不能成为其损害群体自律性的理由，团体和协会也不应该退化成为优势成员牟取私利的手段。我们要建构起优良的内部运作机制，让每一位成员都能自由、平等、公开表达自己的意志，平衡不同成员之间的利益关系，不断提高群体的自律性，让团体、协会所有成员都能自觉遵守规章制度，让软法治理发挥其应有的作用。

4.3.2.3 优化国家政策在农地治理中的作用机制

我国颁发的国家政策始终主导着农村土地制度的变化，这种情况是和我国国家治理的历史积淀紧密相连的。

实行国家治理的现代化要求对行政体制再进行一次改革，改革的主要内容应是转变政府职能，而不是简单地调整政府内部机构。《全面深化改革的决定》明确了加快转变政府职能的主要任务，明确要求“深化行政体制改革，创新行政管理方式”。优化国家政策在农地治理中的作用机制，就是要扭转政府在农地治理领域的过度干预局面，使政府主导下制定的政策能够更好地发挥治理效用。

第一，在面对农地治理时，国家政策包含了行政处罚和行政强制的功能，应该将这些功能适当减弱。对有些土地管理事项，为了完成治理目标，能使用软性手段的就不使用国家政策中包含的行政处罚和行政强制功能；针对有些必须使用行政处罚和行政强制功能的事项，政府在决定与之相应的政策时要适时加入教育部分，让其治理方法融合教育与处罚手段。农地和农民的利益息息相关，处罚和强制频繁出现可能会使农民产生抵触情绪，这对完成农地治理将会造成负面影响。

第二，在面对农地治理时，国家政策中包含的指令性计划和行政命令应该给予适当减少。过分依赖指令性计划和行政命令，非常容易让政府做出不是其自身的职能范围的举动，对农地治理产生不合理的干涉，最终会让农地所具有的社会创新力和市场活力受到压制，不但不容易提升农地治理效率，还会使农地治理中社会表现的自我修复力得到消耗，使农地治理变得更加不容易。《全面深化改革的决定》明确指出，“解放和增强社会活力，坚决破除各方面体制机制弊端”，这就要求政府在制定与农地有关的政策时，应尽量减少行政命令和指令性计划，避免出现对增强农地活力构成限制的体制机制。

第三，进行农地治理时要充分发挥地方政策的功能。农地治理是一个综合性的事项，既是全国性的，又是具有各地特色的地方性的，而且部分事项还需要协调不同领域来完成。过分看重党中央颁发的全国性土地政策，也许会造成忽略不同区域农地治理工作中的特殊问题的治理，导致无法实现农地治理目标。

实际上，纵观世界各国的法制建设，中央过度集权，基层和地方责任大权利小或有职能无权利，必定会造成官僚主义和非常低的工作效率，会对国家治理走向现代化产生负面作用。《全面深化改革的决定》明确要求：“直接面向基层、量大面广、由地方管理更方便有效的经济社会事项，一律下放地方和基层管理。”我国各地的经济发展水平存在显著差异，农村土地治理过程中遇到的问题有些是共性问题，有些是个性问题，所以，在国家治理现代化不断推进的过程中，一边要理顺中央和地方事权之间的关系，一边要明确政府职责，制定适用于全国各地区的农地政策，鼓励地方政府根据本地区的具体情况制定适用性强的农地政策，保证软法治理的效用充分发挥。

4.3.3 农地软法治理的限度

因为使用软法进行农地治理，符合国家治理现代化需要实现的基本目标，实践也证明了软法治理确实有着独一无二的长处。不过，假如没有领略或实践软法价值精神，仅仅凭借社会效果去判断和设立治理目标，只看重发挥软法社会功能，注重软法实践带来的社会效果，那就可能让软法的创立和实践与其治理宗旨和思想精华不一致，进而使法制的底限被打破。所以，想要软法在法治范围内开展可通过两种方法：一是明确软法的实体价值目标；二是建立软法能够适用的程序审查机制。

4.3.3.1 农地软法治理的实体价值目标之塑造

依法治理是实现国家治理现代化的必须要求。以乡规民约、行业规章、团体章程以及国家政策为主要渊源的软法，在运用于农地治理时，不应成为硬法的先导或灵魂，而最多只能是对硬法的拾遗补缺，这取决于如何定位农地软法治理的实体价值目标。当使用软法进行农地治理时，农地软法治理想要实现的实体价值目标，决定了软法仅是对硬法的补充而不是变成硬法的中心或先导。总的来说，组成实体价值目标的内容可划分为两部分：（1）同时运用软法和硬法，使其相辅相成混合治理，这才是现今农地治理的完美方式，而不是用软法代替硬法；（2）当运用软法进行农地治理时，应避免软法道德化，使用软法治理并不是使用道德进行治理。

使用软法治理并不是摒弃从传统法治意义出发的硬法治理。我国实行改革开放后，相对完备的农地硬法治理制度已经建立起来，仅就全国性的法律而言，就颁布《土地管理法》《农村土地承包法》等专门规制农地问题的法律，而《物权法》《农业法》《中华人民共和国村民委员会组织法》（以下简称《村民委员会组织法》）等相关法律中，也存在大量涉及农地问题的具体规范。此外，相关主管部门还专门颁布了一系列规范性法律文件，如农业部颁布的《农村土地承包经营权证管理办法》《农村土地承包经营权流转管理办法》，国土资源部颁布的《土地登记办法》等。

农地治理采用的硬法体系由这些法律规范共同组成，在实施农地制度改革的工作中，摒弃这些拥有重要内涵的法律法规的做法是不可取的，相反的，应该随着改革的深入慢慢对其进行改进、完善，最终加强农地的硬法治理。完善农地硬法不仅是实现现代化建设的必须要求，也能够避免因为农地政策的快速增加而造成农村土地法律出现空洞化现象。与此同时，满足以下三个条件的软法渊源允许运用合理的立法手段慢慢变为硬法：一是相对成熟；二是现实中已经取得显著的社会效果；三是普遍遵守。这样会使软法拥有国家强制力的保证，使农地治理表现的法律效果更加强大。

事实上，只运用软法或硬法进行农地治理都有一些弊端。所以，只能让两种互相结合，以长补短，才能达到农地治理的理想效果。进行农地软法治理时，一定要注意避免软法的道德化。无论是从内容层面还是形式层面，软法都表现出了“韧性”和“弹力性”。

现在总有理论家争论软法的主要渊源，不过总的来说都保持着相对宽泛的立场。有两个结果是由软法的泛化导致的：一是从实体上，软法打破了其原有的适用领域，侵入硬法的调整范围；二是为软法的道德化埋下了伏笔。对于前者，必须坚定拒绝软法完全取代硬法；对于后者，要必须避免软法道德化。软法的道德化通常发生在制定乡规民约的时候。部分传统风俗经常以“善”为借口成为乡规民俗，当处理与农民根本利益紧密相连的问题时，通常使用道德教化的方式进行斥责。部分传统的、违反常理的商业惯例也许会在制定行业规章、团体章程时被放进规章或章程里，因为其打着道德正义的口号。软法的道德化会导致农地治理由软法治理变为道德治理，和推行农地软法治理的出发点相反，与农地软法治理想要实现的基本价值目标不符，因此要注意避免。

4.3.3.2 农地软法治理的程序审查机制之构建

在推行农地治理现代化的进程中，即便软法是硬法的添加，软法表现出的不足让其和现代法治的关系处于非常紧张的状态，譬如软法也许会因为过分看重实体正义而不注重现代法治的形式正义。目前制定软法的过程很简单，通常其内容只是小部分人的意志的体现，在具体实践软法时，实时补救其对个体利益的伤害通常不太容易。农地和我国实行的基本经济制度有关系，也和农民的利益紧密相连，所以从性质上看，农地问题和普通社会治理问题有着明显不同。当软法的不足一旦真正出现在农地治理范围，也许会伤害我国实行的基本经济制度，使农民拥有的土地利益受损。所以，农地软法应有的事前审查机制和事后救济机制的建立和完善势在必行，从而保证农地软法在详细内容和制定程序的正当性，并在符合现代法治基本要求的基础上进行农地的软法治理。

软法的每个规范都应进行合法性审查，无论是在制定中还是制定后，这是事前审查机制的必须要求。软法是农地治理硬法需要的必要补充，一定要符合硬法设立的每项法律规则，只允许以硬法为前提制定详细可操作的规定，或是规范化硬法没有涉及的部分。党的十八届四中全会已经对重大行政决策提出了合法性审查的要求，《中共中央关于全面推进依法治国若干重大问题的决定》明确规定："建立行政机关内部重大决策合法性审查机制，未经合法性审查或经审查不合法的，不得提交讨论。"在出台和农地治理有关的每类政策前都应当遵守这个合法性审查机制。在制定后、实施前应对农地治理有关的团体章程、行业规章、乡规民约等软法规范进行合法性审查。各级人民政府设立的法制部门或相关行业设立的主管部门作为审查主体；审查主体是否适合，是否和法律的规定相违背、是否严格遵循制定程序、是否超过了制定权限、是否和现行法律已有规则相矛盾等作物审查的内容。借助事前审查软法，可充分避免不合法、不合理的软法规范进入农地治理范围，进而防止软法治理变成单独权威意志和表现以及实践其威慑力的途径。

当对软法内容包含的效力有不同意见时，由当事人启用司法程序，交给司法机关检查，这就是软法的事后救济机制，它往往出现在当事人认为其合法权益受到相关的软法规范的损害时。团体章程和行业规章设立的罚则，最容易出现损害成员利益的状况，这个时候司法机关审查该罚则的有效性，既能够使团体章程和行业规章所具有的权威性得到保护，又能够防止当事人的合法权益受到不合乎情理的罚则损害，使软法治理拥有的救济功能得到提升。当软法被司法机关审查时，要看重审查的合法性而不是合理性，应采用抑扬的审查立场而非能动的立场。应当非常重视审查其程序性，不应该只保持在实质性审查层面。

在事后救济与事前审查的关系问题上，除农地政策的制定应严格遵守事前合法性审查机制。除此之外，非强制性执行其他软法要进行事前审查，不包括强制性的，通常情况下这取决于当事人，只有有清晰的法律规定支持，才能够对某些事项进行强制事前审查。非强制性的审查原则既可以使当事人自治在软法制定过程中得到充分尊重，又可以与事后救济机制有效衔接。积极性、主动性两者都是行政权力的特性，非透明性是行政程序的特性，这些都让以行政权力进行的事前审查，受到很多不公正的损害；消极性和被动性是司法权力展现的特性。公开性是司法程序具有的特性，这些能够让以司法权力进行的事后救济变得越来越公正、公平，是以后软法审查机制完善的目标。

4.4 农村基层治理现代化

我国“三农”的突出问题是乡村治理的有关问题，政治学、管理学和社会学方面的学者从不同方面对乡村治理问题进行了深入的研究，不过学者们主要对乡镇和村进行研究，对农村小组和村民组长的研究相对较少，缺乏应有的研究方向和研究方法，研究成果更少。学者们的研究方向可以分为以下几点。

一是由谁来担当村民组长的问题。学者们认为村民组长必须具有的特点为道德素质高、办事能力强、在村中具有一定的影响力而且具有担当精神，这样的村民担任村民组长一定会有助于农村健康有序的发展，而且有利于提高农村组长队伍的整体素质。但是毕竟具备全部特点的村民是少数，村民组长的延续性得不到保证，应用性太差。

二是村民组长有何作用的问题。部分学者认为村民组长有利于农村改革的有序进行，可作为农村发展的带头人；有学者认为，可以将村民进行适当的分组，并任命组长为每个小组的法人代表。但是农村小组的规模不断缩小，农村组长组成的法人与村民委员会的法人相互矛盾，容易引起不必要的冲突。

三是村民组长是否设立的问题。对于这个问题，学者间的观点不同。有的学者认为村民小组有必要保留，因为村民小组有利于农村改革发展过程中对农民进行统一管理，有助于农村健康有序的发展；部分学者认为不应该保留农村小组，从根本上废除农村组长。在研究方法方面，没有相关的研究理论支持，而且学者们对农村发展实际情况的了解也不够深入。

在我国《中华人民共和国村民委员会组织法》等法律中，村民小组是村委会这一基层自治组织的法定组成部分；在《中华人民共和国土地管理法》《农村土地承包法》等法律中，村民小组充当着农村集体土地经营、管理者以及发包人的角色；在数量上，我国有乡镇4万多个，村民委员会70多万个，而村民小组则达到365万之多。要想实现农村“软件”现代化，解决村民小组的管理问题是重中之重。但是，当下存在的问题是村民组长得不到很好的延续，找不到合格的接班人。为什么出现村民组长找不到“接班人”的问题？农民是否充分了解村民组长在农村小组中的作用和地位？随着农村改革发展的深入，村民组长乃至农村小组是否应保留？这一系列问题的答案要从农村生产生活的实际情况中得出。

4.4.1 现代化冲击下的农业村庄：历史进程中的村民组长“接班人”危机

改革开放的巨大成果有利于农村的发展，同时对农村的影响也非常大。甚至农村发生了翻天覆地的变化，具有代表性的是农村人口向城市流动。随着工业化和城镇化的大力发展，农村人口流向城市，农村出现很多闲置地、荒地，出现了有地无人种的现象，人口的减少、人才的缺乏导致村民组长缺乏合格的“接班人”。村民组长的“接班人”危机是我国城乡发展过程中产生二元城乡的结果。在历史发展进程中，村民组长的“接班人”危机是不可避免的，具有阶段性特征。

4.4.1.1 离农潮的兴起与村民组长候选人的匮乏

C 村的地理位置是安徽中部，位于江淮平原，自然村落多，但村落的规模都比较小，相邻几个自然村落组成一个较大的行政村。C 村下面包含了 9 个自然村。截止到 2014 年调查期间，C 村 1544 人承包了 1860 亩土地，人均承包 1.2 亩土地。

因为地理位置比较偏僻，C 村只有一家外来资本兴办的企业。在调查期间该企业已经停产，导致 C 村村民仍以务农为主要收入来源。从 20 世纪 90 年代开始，C 村部分青壮年开始外出务工。进入 21 世纪之后，外出务工的青壮年数量达到了顶峰，这一点与其他农村的劳动力迁移情况相似。青壮年劳动力外出务工，不从事农业生产，导致农民这个劳动力群体出现了断层。

2014 年春节过后，C 村留守人口大约有 827 人，18 岁以下的儿童、青少年有 69 人，占比 8.3%；60 岁以上的老年人 316 人，占比 38.2%；18 ~ 60 岁的人口 442 人，其中 50 ~ 60 岁的人口占到了 87.2%。在此情况下，C 村成为“高龄化村”。该村的某些小组中，18 岁以下的未成年人、60 岁以上的老年人占比达到了 100%。

在这种人口结构下，村民组长候选人缺乏成了自然现象。因为每个小组必须配备组长，这就导致村民组长只能由老年人担任，而且村民组长很难换届。

C 村根据自然村划分村民小组。在第一轮土地承包过程中，C 村人数超过 150 人的自然村各自划分了 2 个村民小组，人数在 150 人以下的自然村有 4 个，其中 3 个各自成立了一个村民小组，还有 1 个和其他自然村合并在了一起。这样，C 村一共有了 13 个村民小组。

在第二轮土地承包过程中，人数在 150 人以下的 4 个小自然村各划分一个村民小组，人数在 150 人以上的 5 个自然村中的一个将 2 个村民小组合并到了一起，其余 4 个还是每村 2 个村民小组。这样一来，C 村仍有 13 个村民小组。

实行土地承包制度以来，C 村的村民组长累计有 50 人。在第一轮土地承包阶段，村民组长的平均年龄为 37.3 岁；在第二轮土地承包阶段，村民组长的平均年龄为 46.5 岁。目前，C 村有 16 名村民组长，其中有 3 个小组有 2 名组长，村民组长的平均年龄达到了 57 岁，最高年龄 71 岁，最低年龄 48 岁。这些村民组长大多生于 20 世纪五六十年代，没有接受过很好的教育，文化水平较低。在这 16 名村民组长中，只有 1 名组长的学历是高中毕业，2 名组长初中毕业，4 名组长小学毕业，其余 6 名组长没有接受过教育。

现如今，农业生产早已离不开科学技术。在此情况下，村民组长的这种文化水平很难带领村民开展新型的农业生产活动。

4.4.1.2 严格的计划生育政策加剧了村民组长的“接班人”危机

村民组长“接班人”危机还与计划生育有一定关系，计划生育政策倡导的独生子女政策和现在中国老龄化的严重程度，共同导致这一危机的产生。第六次全国人口普查显示，在乡村总人口 662805323 人中，60 岁以上老人为 99303297 人，占 14.98%；全国 60 岁以上老人的总数为 177594440，农村的老龄人口占 55.9%。1950 年前后出生的人现在即将步入老年期，而且这一时期正是生育高峰期，所以中国老年人口逐渐增多。老龄人口很少进城务工，一般都留守在农村，在农民组长的评选中，这些留在农村的老龄人口就是候选的主力军。1980 年前后是计划生育政策在农村执行得最严的时期，独生子女政策在整个农村贯彻执行，那时出生的人口现在是 30 多岁，所以 30 岁左右的群体受当时政策的影响，其人口数量相对较少。如果在 1990 年前后，农村就开始放开二胎政策，第一胎为女孩，三年以后可以再生育第二胎，但是那时出生的子女现在进入青年期，一般情况下会进城就业，所以并不能为村民组长候选人输送人员。

4.4.2 “代理人”与“当家人”：角色担当中的村民组长“接班人”危机

4.4.2.1 村民组长的“代理人”角色

法律对村民组长相关职责规定的系统性不强、缺乏规范性。以“北大法宝”为检索工具，含有“村民小组”字样的规范性文件共有 198 部，剔除明显与村民小组职责无关或已经修改以及失效的立法，涉及其职责的共有 28 部，其中法律 4 部、行政法规 9 部、司法解释 2 部、部门规章 9 部、团体规定 4 部。

综上所述，职责有以下几点：对本小组所有权的土地具有经营和管理的权利；优先让退役士兵承包土地；按照政策使农民获得土地承包权；对土地补偿费合理分配；商讨筹资筹劳相关事宜；对因自然灾害导致房屋损害的居民具有提名的职责；因为年纪小或者残障等原因而无法表达自己想法的人员，由村民组长代其向村民委员会申请供养待遇；确定计生困难户，并给予相应的帮扶；选举时对选民进行登记；保护村民小组的利益，必要时进行诉讼。

以上都是村民组长的职责，只有村民组长进行组织、安排，这种职能才能实现，而且职能范围也由具体职能体现出来。所以，从职责规范的角度分析，专家赋予村民组长的责任其实就是“代理人”的职务，包含了政治、经济、文化和管理社会事务等各个方面，但是这么大职责范围已经超过了其所能承担的责任。村民小组“代理人”的治理模式，是中国乡村治理模式在最基层自治组织方面的体现。国家划定的行政村、乡（镇）是根据乡政村治理体系而设计的，但是村民小组与其并不相同，它是根据自然村落形成的，体现的是村落内部的人际关系，实质上是人们自然形成的自治组织，并不是自觉或者强制形成的。而村民组长“代理人”角色的担当，则是规范层面设计之果。

除此之外，“代理人”这一职务的产生是有客观原因的。由于组长在农村基层政权实施过程中具有积极作用。在农村的领导干部看来，组长这一职务具有重要的作用，他需要正确及时疏导村民的消极情绪和缓解各个方面的矛盾，是促使村民参加集体事务的纽带。按照上级组织对“代理人”职务的部署，农村的干部领导将其具体实施到组长的层面上，并定期进行考核评估。所以，组长所承担的“代理人”职务不仅仅是相关法律政策的具体表现，还是实际情况所需。在新时代的农村治理过程中，这一职务的存在不依赖于组长个人的意愿。

4.4.2.2 村民组长的“当家人”角色

虽然法律对村民组长的职责做出相应规定，但其内容与村民的期望有较大差异。在C村调研的过程中，针对“村民对村民组长职责的了解程度”做了一项调研活动，结果如下：

（1）81.6% 的村民认为村民组长应该组织农田水利建设，其余村民认为村民组长不应该组织农田水利建设，其原因在于自己不会从农田水利建设中获得太多益处，不希望组长组织开展这项工作。

（2）80.9% 的村民认为组长应具有发包土地的职责，剩余村民认为组长不应该承担该职责，原因是，他们认为该工作应该由村委会负责。

（3）75.1% 的村民认为村民组长应该组织引水抗旱、排水防涝，但因为2004 年疏通新河道之后，该地区消除了旱涝隐患，所以剩余村民认为村民组长无须承担该职责。

（4）62.1% 的村民认为村民组长应该组织选举，剩余村民没有选择这一职责的原因是，他们认为现如今的基层选举都是“走过场”，人选早已内定，所以不太关心这一事件。

（5）43.8% 的村民认为村民组长应该宣传计划生育，剩余村民没有选择这一职责的原因是，他们认为计划生育宣传工作应该由计生专干负责，不应由村民组长负责。

（6）40.5% 的村民认为村民组长应该管理小组集体资产，剩余村民没有选择这一职责的原因是，他们认为小组内并没有集体资产，所以村民组长也无须管理。

将村民眼中的村民组长职责与法律规定的村民组长职责进行对比分析可以发现：只有发包土地、组织选举等职责比较一致，其他法律规定的村民组长职责未被村民选择。虽然这种情况与该村的实际情况有密切关系，比如该村没有出现过退伍士兵优先承包土地的情况等，但归根结底，这种情况发生的原因在于“村民组长职责”方面，村民的认知与法律规定存在极大差异。

除了上述规定问题的调研，调研小组还对村民进行了开放式的访谈，提出“你认为村民组长的职责应该是什么”的问题。针对这个问题，97.3% 的村民认为，村民组长的第一职责应是为本组村民争取最大化的利益，比如争取更多的农业补贴，在村民利益受损时积极与上级交涉，维护村民的选举权等。由此可见，对于法律规定村民组长是村民“代理人”之事，村民并不排斥，但在村民眼中，相较于“代理人”来说，他们更愿意村民组长是“当家人”，认为村民组长应当竭尽全力为组内村民谋取更多利益，这一点是判断村民组长是否合格的最重要标准。

在某些方面，法律规定村民组长的职责与村民希望村民组长具备的职责相一致，除发包土地、组织农田水利建设等职责外，协调组内矛盾也是双方对村民组长的共同期望。在该村的 L1 组、L2 组、X 组、Q 组、Y 组、H 组、S1 组、S2 组等村民小组中，93.4% 的村民认为，村民组长的第二职责就是协调组内矛盾，因为在上面这些小组中，前五个小组所处村落姓氏很多，不同姓氏之间存在较多矛盾，所以村民希望村民组长能有效调节这些矛盾，让小组实现和谐发展。

H 组虽然仅 9 户人家，且 9 户中有 6 户均出于同一姓氏，其他 3 户则与该 6 户均有亲属关系，但在这 6 户同姓之间却也存在较为激烈的矛盾，故而组内村民也希望村民组长能真正担负起协调村民利益的重要职责，也正是因为这一原因，C 村最小的村民小组却由两人担任组长，分别来自对立的双方；S1 组、S2 组组内村民也基本为同一姓氏，然而却依亲属远近分成不同的“派系”，矛盾极多，很多具有公益属性的事务难以有效组织，因而村民们对村民组长寄予厚望，而 S1 组、S2 组也成为 C 村中另外两个同时由两位村民担任组长的小组。

4.4.2.3 村民组长“代理人”与“当家人”的角色冲突

法律规定村民组长要做村民的“代理人”，村民希望村民组长做自己的“当家人”。事实上，这两种角色之间存在比较严重的矛盾。“代理人”要严格执行上级指令，“当家人”要积极为组内村民谋取最大化的利益。当然，这两个角色也有契合点，就是平衡村民利益。但对于村民组长来说，这两点让其两难。

如果没有做好“代理人”，没有做好上级交付的任务，村民组长就会受到上级领导的批评。据调查，目前C村共有16名村民组长，其中9名曾在公开场合受到上级领导的严厉批评，事件诱因是组织村民开展水利建设等公益事业的效果不佳；还有3名村民组长曾在私下受到上级领导的严厉批评。无论是在公开场合还是在私下，村民组长都不愿意接受批评，受到批评会产生很多不良情绪，比如抵触、厌烦、消极懈怠等。

如果没有做好"当家人"，没能为小组谋取更多利益，村民组长又会受到组内村民的指责，相较于上级领导的批评来说，这种指责更难让村民组长接受。

事实上，影响村民组长履行职责的因素非常多。为了能顺利地开展工作，村民组长必须提前与难缠户、户族、排场人做好沟通。除此之外，村民组长还要考虑那些习惯沉默的普通村民的利益。一般情况下，这些村民不会对村民组长的决定提出异议，但一旦自身利益受到较大损害，就会团结起来阻挠村民组长履行职责；另外，如果自己负责的村民小组中有村干部，村民组长还要适当地予以特殊照顾。

比如，N组中有一村民先后27年担任各项村干部职务，村民组长在开展工作的过程中就要予以特殊照拂。再比如，B组中有一个难缠户，拒绝参加所有公益活动。这些特殊户在很大程度上阻碍了村民组长工作的顺利开展，导致很多村民都不愿意担任村民组长。在此次调研活动的受访者中，84.2%的受访者表示不愿意担任村民组长，即使是现任16位村民组长，也有13位明确表示不愿意担任这一职位。那么，这些人又为何出现在村民小组的岗位上？这就涉及村民组长的选任程序问题。

《村民委员会组织法》第28条第2款规定："村民小组组长由村民小组会议推选。村民小组组长任期与村民委员会的任期相同，可以连选连任。"这项规定说明村民组长应由村民小组会议推选。但在C村，村民组长的推选方式非常复杂，具体如下：

（1）村民主动担任村民组长。在C村的这12个小组中，这种情况只发生过1次，该村民得到了组内村民的支持，后经村委会同意直接担任了村民组长一职。

（2）村民小组会议推选。如果现任村民组长到任期之后不愿连任，也没有村民主动继任，就要由村民小组会议进行推选。具体方法如下：户主参加村民小组会议参与选举，跳过提名程序直接投票。开始，得票过半者当选为村民组长。但后来，通过这种方式选出来的村民组长都不愿意任职，选票越来越分散，只能由得票最高者担任村民组长。在C村的所有小组中，除L2组外，其他小组都使用过这种方法选拔村民组长，先后选出31名组长，其中24人拒绝担任组长。

（3）组内各户户主轮流担任村民组长。由于村民小组会议推选出来的组长都出现了拒绝担任村民组长的情况，所以就出现这种方式。目前，在C村中，只有Z组使用过一次这种方法，但未等轮换结束，就有村民主动提出要担任村民组长。

（4）村委会指定。第二轮土地承包之初，C村的村民组长普遍是通过此种方式产生，彼时适用的法律虽为《中华人民共和国村民委员会组织法（试行）》，但是该法第15条有关村民组长的产生方式与现行法律规定无异。第二轮土地承包至今近20年，此种方式仍然在C村通行，村委会通过此种方法共任命了13位村民组长，占这一阶段组长总数的54.2%。由于缺乏主动继任者，且村民小组会议选拔出来的组长多拒绝上任，故组长多由村委会指定，某些小组还曾出现轮流担任组长的情况，这些情况均说明村民小组之职已成“烫手山芋”。在这种情况下，上任的村民组长就会尽其所能为自己、家族谋取利益。

“代理人”“当家人”之间的矛盾导致村民害怕担任村民组长，虽然这两个角色在协调组内矛盾方面达成了统一，但受各种因素的影响，村民组长往往无法有效履行这一职责。对外，村民组长要接受村委会的制约；在内，村民组长要接受组内成员的监督。两厢胁迫，导致村民都不愿意担任村民组长，进而引发“接班人”危机。

4.4.3 经济待遇与政治升迁：功能激励中的村民组长“接班人”危机

由于村民组长觉得一些问题非常不容易处理，但若有相应的利益勉励他们，或许会让很多村民都会试着竞争这个职位。不过，根据接受采访的农村居民和现任组长的说法来看，不想竞争这个职位的原因，实际是因为其承担的责任远大于其受到的待遇。

4.4.3.1 低下的经济待遇使村民组长的职位失去吸引力

在土地承包最初阶段，C村没有任何村民组长受到“冷待遇”。C村村民小组的由来和我国其他地域相同，都是经过人民公社期间生产队产生的。生产队作为最根本的核算单位，其队长是有着在村落内部十分高的权力地位。所以，在向农村土地承包责任制过渡过程中，生产队长被称为村民组长，但该职位仍然被寄予一定的权力和地位。

因此，全部26名参与C村土地承包的村民组长中，以前是生产队长留任的有23人，而且他们都是自愿或者是通过村委会来争取机会。出于对工作性质连续的考量，村委会直接通过了他们的留任申请。但是，在土地承包责任制实施后，原本以村民小组为单位的经济筹算变成了被村委会一同收入，这也使得原本的职权受到一定的侵蚀。但再一次的土地承包阶段，原本的26名村民组长中，除因去世而需由他人顶替的组长外，其他25名村民组长都没有离职。

笔者对于除两名意外去世以外的24位村民组长做了相应采访，得出了他们未离职的两个主要因素：第一，20世纪80年代至90年代初，C村地理位置较偏，还未受到市场经济的陶染，外出务工还没有开始兴起，所以他们还没有想过要离职进城；第二，C村给予村民组长的工资待遇，是经由农村居民提成的方法平摊到每一户人家，然后根据每户人家的土地承包数量计算，每亩约为2元，但因为每家每户的情况不同，承包土地的数量也不同，所以各个村民组长的工资待遇也存在着一定的差异。在土地承包刚开始时，这个村子的承包地大约是1950亩地，所以村民组长的年均收入约是150元。而在当时的农村经济环境下，这个待遇是十分不错的。不过，农村的土地承包责任制还不成熟，所以刚开始土地承包时，村民组长实则要承担更多繁重艰巨的工作，就拿每家每户催缴农业提成（税费）这一项来说，村民组长通常都会遇到“难缠户”赖账不缴费的境况。当时，因为有了相对而言还算不错的工资待遇，村民组长一职依然有着对多数村民强大的吸引力。

第二轮土地承包时，村民组长的职位责任还没有大变化，工资待遇还有所提升。以C村为例，农业提成供给村民组长工资，但村委会想要让村民组长的工作变得更加高效，因此将原本的人数减少一半，这也相对地提高了剩下村民组长的工资待遇，约提高了300元，而两个人任组长的H组、S1组与S2组，组长的待遇没有大的改变。不过，在取缔农业税后，村民组长没有了相对的经济来源，也就不能再像原来一样从各户居民手里分摊提成。因此，要是没有什么经济待遇可言，村民组长的职位也就不会吸引更多村民加入竞选这个职位当中。

正因为城乡之间的差异，城镇对于乡村的巨大影响。虽然一些要素可能会与村民组长可以合理地使用农乡资源有关，不过从中部农乡与西部农乡之间的近期情况来看，村民组长的待遇问题也已变成了重要关注点之一。

在C村，目前有村干部共5人（村党支部书记与村委会主任由1人担任，另外有支部副书记、会计、民兵营长、计生专干各1人），平均年龄为47岁，且均具有高中学历。第一轮土地承包时，C村村干部的年平均工资约为2500元，为当时村民组长工资的16.7倍；第二轮土地承包伊始，村干部的工资变化不大；至2005年前后，村干部的年平均工资涨至约4500元；目前，村干部的年平均工资已达到9000元左右，其中两委（村委会、村党支部）负责人的工资已经突破10000元，达到村民组长年平均工资的30多倍。这一待遇相较于入城就业固然不高，但就皖中农村而言，已经算是一笔很高的收入，而村干部的农业生产并不受影响，担任村干部的收入实际上是一种额外收入。

在C村，虽然绝大多数村民不愿意担任村民组长，但30~50岁的村民愿意担任村干部的比例为76.3%，而50~60岁的村民这一比例高达84.1%。担任村干部的理由主要有：一是，改善村民群众的生活质量，有86.3%的村民选择了该理由；二是，无须离开农村，既可以进行农业生产，也可以照顾家里，有81.2%的村民选择了该理由。而不愿意担任村干部的原因主要为三个方面：一是家里人进城务工发展较好，自己准备去投奔；二是身体和年龄原因，不愿意担任；三是子女考上大学后在城里有相对稳定的工作，准备去和子女一起生活。选择上述三个理由的比例分别为62.1%、34.8%和3.1%。

村干部在基层管理的转型期，因准职业化的工资待遇及多种要素的影响，才会使得危境出现。在农业税被取缔之后，村民组长的经济待遇没有了源头，但村干部却没有受到影响。

《村民委员会组织法》第6条第3款规定："对村民委员会成员，根据工作情况，给予适当补贴。"这表明了村干部的工资待遇是有法律保护的，所以政府会提供财力政务进行支持；但是对于村民组长而言，现行法律条款中并没有明确的规定，也正因如此，迄今为止，C村的各届村民组长以及接受采访的村民都普遍认为，现行法律仍存在一定的缺陷和漏洞，村民组长的待遇应该明确添加于相关法律条款中。C村村委会从村级财政的下拨资金中付给村民组长的工资待遇，作为村民组长应村干部要求担负相应责任、行使相应权力、履行相应职责的重要条件。村干部认为，村民组长不能拒绝践诺相应的责任，因为其工资待遇是村委会所给予的重要福利。

4.4.3.2 缺少晋升机会，使村民组长的职位无法实现可持续发展

不只是村民组长的工资待遇水平低，在其工作前景方面，他们也没有能够晋升的机会。《村民委员会组织法》第11条第1款规定："村民委员会主任、副主任和委员，由村民直接选举产生……"第15条第1款规定："选举村民委员会，由登记参加选举的村民直接提名候选人。村民提名候选人，应当从全体村民利益出发，推荐奉公守法、品行良好、公道正派、热心公益、具有一定文化水平和工作能力的村民为候选人……"该条第5款规定："具体选举办法由省、自治区、直辖市的人民代表大会常务委员会规定。"C村所在省颁布的《安徽省村民委员会选举办法》第13条第1款规定："村民委员会主任、副主任、委员候选人分别由本村登记参加选举的村民按下列方式之一直接提名：

（1）村民选举委员会组织村民进行选举，这里的村民数量必须超过登记参与选举的村民数量的一半，从规定的候选人中选择一个填写提名票，公开唱票、计票，将投票结果公示出来。

（2）村民小组自行组织投票，召集参与投票的村民在候选人中选择一个填写提名票，村民选举委员只选派村民代表到现场进行监督即可。投票结束，公开唱票、计票，将投票结果公示出来。这就表示，村民组长极有可能成为村民委员会委员候选人，并成功当选。

就像前文说的，因为村干部可能有很多的农村社会资本，因此很多村民都对

村干部趋之若鹜，但村委会在选举时有着非常多的程序化规制，这也给村民尤其是村民组长升职为村干部提供更大的可能，所以有着巨大的诱惑力。不过，在C村推行至今30多年的土地承包制度中，50位历届村民组长，没有一人晋升为村干部，得到提名的也只有2人，只有4%的比率。他们没有得到晋升的机会与有没有更多的群众支持并无多大关系，现今的候选者都是经由村民小组直接提名或者是经由村民推荐而候选的，因此若村民组长未能提名，则与村委会的委员名额无缘。这种提名的方法尽管违背了相关法律的条款，不过至今C村还从未出现相应的法律诉讼问题，村民们也没有很大的反对心态。

不过，从广义上讲，基层党组织的书记、副书记、委员也相当于村干部。在实际生活中，两委委员一般也一同兼顾相应的工作任职，也基本享有相同的工资待遇。

《中国共产党章程》第29条第2款规定："……基层委员会由党员大会或代表大会选举产生，总支部委员会和支部委员会由党员大会选举产生，提出委员候选人要广泛征求党员和群众的意见。"这表明，如果村民组长是中国共产党员，也能够经过选举的方法步入支部委员这个职位，进而得到升职的机会。不过在C村，并无任何一名村民组长进入C村的党支部委员中。不只是这样，在现任的16名村民组长中，只有两名村民组长的政治面貌为中国共产党员，C村的党员却有27人。

在30多年中，只有一人是做了村民组长后被发展成为中国共产党员的。相对这个情况而言，即便不是党员，加入村委会后也会成为党员，并可在同期任职党支部委员。但是，村民组长担任党支部委员的概率小之又小，即便是在政治面貌方面也很难得到更大的认同与改变。在这个前提下，村民组长的工资其实是与他们的政治地位持平的。并且，村民组长提升自我的工作能力也不一定会得到关注。

一般每年C村都会组织几次培训，而培训基本是传达上层会议部署的任务与精神，培训方式也仅仅是下发文件。所以，就目前来看，在组织过的培训中，既没有对村民组长的职权任务培训，也无正统地学习过相关的政策理论。偶尔可能会进行种植、养殖等农业技术培训，但这却不是专门对村民组长开设的，并且因为开设的次数少、时间短，参加培训的村民组长和普通农村居民都特别少。村民组长不能够实时地了解到新的政策、新的观点，因此，村民组长履行职责的能力也一定会受到相应的质疑。

4.4.4 路径依赖与制度变革：迈向村民组长基层治理的现代化

4.4.4.1 合并与撤销：两种慎行的解困之途

在基层管理的实际践行中，产生了两种处理村民组长"接班人"危机的应激策略，即合并村民小组与撤销村民小组，两者的共同目的，旨在减少这个职位的数量，甚至是取缔这个职位，不过对于这两种解决困难的途径都需要谨慎思考。

至于划分村民小组，在实际践行中一般有两种主要方式：第一，把自然村落作为基准线，这种方式比较适用于人口较为分散、村落分布少的西南部地区，并且是将很多村民小组（自然村落）相互并成的行政村；第二，把自然村落分为多个小组，一般盛行于大村落、人口集中的北部平原，这种方式较前一种而言，是可以直接形成行政村。

我国很多村落是由一些同姓氏居民群居而成。这样的村落其实已经变成现代社会人公开承认的“事实上的社会单位”。不管是采取什么样的方法划分村民小组，事实上都包含着乡村政治的空间逻辑架构。这个逻辑架构是将一定的社会资本作为前提，并由居民间的信任度、管理威望、底蕴文化等多个要素组成。这种方式能够有效地确保对于小组管理的高效性。

不管是从公社到生产队，还是从政府到小组，国力逐步深入乡村，实质上都是把已经成型的村落变为地缘基础的基层管理构架。这一构架经历了中华人民共和国成立后固有的农业形象，已经被村民适应和依赖，这种自然化下的村民小组模式认同感已经在农村居民心中生了根。所以，划分村民小组不仅囊括了以家族为根本的强烈认同感，还是长久以来经由国力建设的地缘认同成就。这类通过外在因素构建村民小组的手段，实则是囊括村民组长的村民小组内在机理十分重要的决定性因素。以削弱村民组长职位为根本解困方法的村民小组合并或撤销，也必须在此逻辑架构下进行。

简而言之，村民小组的设立必须有所依据，并且要与乡村政治的空间构架相贴合。在这个结构还没有被打破前，通过外力进行兼并或者是取消村民小组不仅违反了相对的亲缘性特征，还成为国家权力对于基层管理的重大突破，因此更应该谨慎地考虑其发展。

进一步讲，村民小组的兼并会出现组外人承担组长这一职务的情况。“外人”指导村民小组将会破坏原本的空间逻辑架构，不为农村居民们接受。在C村，有96.2%的接受采访的农民认为不能够接受“外人”任本村的村民组长，而89.6%的农民则表明自己不会到外组担任组长。所以，在国家力量指导下的村民小组融合会，让村民组长承担更多困难，也会急剧减少相应的组长接班人，最终让更多的问题浮现，也更难于管理村落。

取缔村民小组让行政村做直接主导，不仅打破了原已架构好的村落结构，也相应取缔了村民组长这一职位。就当下情况来看，短时间内还是需要村民组长起带头作用：一方面，我国的农村发展仍要倚靠村民组长帮助建设管理基层基础农村事务；另一方面，农村居民依然盼望村民组长还是以“当家人”的角色引领大家，保护村民的利益。

因此，即使C村中84.2%的受访者表达了不愿意担任村民组长的愿望，

92.7%的受访者却表示反对撤销村民小组。自己家庭的“小家”与村民小组的“大家”，共同组成了村民日常生活不可分割的空间框架。此外，《村民委员会组织法》明确规定村民委员会由3~7人组成，撤销村民小组之后，原先村、组两级治理事务全部集中于村一级，这将大大加剧村级行政负担，在当前村干部村民兼职化普遍且短期内难以职业化的背景下，将进一步导致基层治理效率削减的不利后果。

在C村所处的F县，近年来大规模推行“大行政村”规划，合并后的行政村平均规模均达到600户以上，有的甚至达到1000户，如果撤销村民小组，将使村级治理有难以“承受之重”，“甚至成为制约村民自治活动有效开展的瓶颈”。事实上，因为对于农村社会现实了解不多，才会出现取消村民小组能够减弱村级财政压力的说法。而在还未推行农村土地承包责任制时，作为最根本的计算方式，生产队在此之前其实应该留有足够的工作花销。但在村民小组不再使用这种计算方法后，就不再有工作经费。目前，村级财政可以承受当下村民组长的低工资待遇水平，所以取缔村民小组并不能够缓和当前的财政压力。

4.4.4.2 适应时代背景下的制度改进

农村乡土社会资本依旧强大、乡村政治空间结构相对稳固以及村民组长双重角色难以褪去的社会背景，阻碍着村民小组的激进式变革。村民组长这一职位在很长一段时间内仍被农乡需要。在当下严重的代际转换危机前，首要任务是找寻现下最为合适的制度作为改进举措。

在能够预期的以后，农村人口逐步向外迁移的趋向将越来越高，这让一些对于想助力现代农业发展进步的人们的从业问题变得更加难以处理，还会让短时间的架构性形式会随着时间的推移越来越严重。所以，在短时间之内，想要实现由高学历、精力旺盛的青年农民任职村民组长的目标很难。事实上，就目前农村发展境况而言，有公信力的年长者承担其村民组长这一职务，不仅符合农乡政治建设的意义，还更容易聚集村民，从而可更稳妥地处理好村民小组内部的很多问题。因此，当下最有效的手段应该是多加关注采用有效的举措提升村民组长这一职位的吸引力，保证村民心中对于这一职务的热情，并通过相应的培训持续提升他们的任职才干，最终使村民小组顺应时代的脚步不掉队。因此，可以从提升工资、升职等方面考虑优化村民组长这一职位，具体可参考以下几点。

第一，把村民组长的补贴待遇加入现行的法律当中，如由国家直接拨款，然后具体操作可按照村委会所指定的相关规制进行。改进当下村民组长中存在的一些问题，根据具体的工作情况与业绩，还有组内相应的村民人数、土地等要素决定相对的待遇，进而提高村民组长对于工作的热情。在最后的考评中，要统计好组内成员以及其他干部的评论，并加以整合，从而促使村民组长在履行职责期间维系好主导者与委托者两者之间的有机平衡。

第二，优化村民组长的职权，为晋升制造机会。可在现行的国家法律法规中明确规定村民组长在村委会中应当占有一定的比例，这样就能确保他们在村级管理时有一定的发言权。处理好时下村级管理和村组管理之间近乎对立的现状，应该更加规范村民委员会的村民组长享有村委会召开会议时的出席权力，从而更好地维系村级治理与农村居民之间的联系，缓和两者间的紧张关系。相关政策上要优化每个区域的村民组长的政治教育，将合格的组长优先考虑吸收入党；并为组长们提供一些乡镇基层公务员编制岗位的公招考试，让他们能够看到晋升的机会。实行这些举措会令很多有着一定文化水准、仍在家务农的中年村民对村民组长这一职务产生很大的兴趣，并且对下一代际的青年农村人口产生强烈的吸引力。

第三，乡、村基层管理组织应该采取积极的举措，对村民组长进行规范化的培训管理。就现今的农业形式发展来看，村民组长不仅仅参与基本管理，更主要的是起到领头人的作用，并且要为农业生产建设做出应有的贡献，最终由村民组长的协作来引导产业的发展，创立农产品深加工企业也要村民组长协同经营。可结合上述几个方面培训村民组长的就职能力，进而一步步达成相应的农业生产需求，最终建成比较现代的农业基层服务体系。

4.4.4.3 长久展望：村民小组的终结

能够预想到的是，改革深化进一步发展的结果是从基础层面上对农村基层的治理构架进行深入改革。持续推进城镇化，将使农村人口逐步减少，让我国的农业形式产生较大的转变，不再是过去以村落为分配基础、每家每户进行土地承包的模式。农村人口逐步减少，代表大大减弱甚至殆尽了通过血缘关系、人际网络、熟人信任为中心的乡村社会资本力量；而打破地缘关系也会从根本上完全消解原本的乡村政治构架，让他们不再变成农村居民维系生活的外在架构；之后对村干部的职位改革，可使得对于村落的管理更上一层楼，进而推进农业现代化的发展，并大大减弱村民组长原本“主心骨”的角色的作用。所以，现代化产业的不断进步，会一步步瓦解村民小组原本的自然属性，而后从基础层面上解决原本的社会属性。这代表着已经失去了本已成为独立基层治理架构的农村小组必要性；在这个条件下，农村基层治理的现代化发展将向着单一的村级治理架构方向前进。

在我国的东部沿海地区，以往的乡村政治空间架构已经开始崩塌，而农村社会资本也不再是原有的样子。村干部已经是在职业化的初级阶段入口，兼并或者撤销不会再出现像中西部乡村出现的一些问题。在这种情况下，初步对村民小组的发展方向进行检验将会产生一个十分积极的影响，进而对建设未来一元化村级治理架构提供行之有效的例证。所以，可以依据目前的社会发展现实，在达到要求的东部地区试着推行这两种改变方式，而不再设置村民组长这一职务，全面推行村干部职业化，提高我国当前基层治理的现代化水准。在成熟之后，再一步步地向中西部农村推广。

5 新时代农村土地制度理论探索

要对土地承包经营权的性质进行分析，必须从民法权利义务关系的基本谱系分类开始。德国法学家在对民法上的最基本权利进行研究后发现，所有民法上的基本权利可以归纳为绝对权与相对权两类，或者说，所有民法上的权利，可以概括为支配权和请求权这两个大的范畴。“支配权，指的是权利人仅仅依据自己的意思就可以实现权利上的利益的类型。物权就是一种最典型的支配权。”“与支配权这个概念相对应的请求权，指的是必须要借助于相对人的意思才可以实现权利目的或者权利上的利益的权利类型。与支配权相比较，请求权法律关系中有两个或者两个方面的特定当事人，他们之间的权利和义务刚好对立；而就某一个特定的权利而言，他所享有的权利，只是向对方当事人提出要求对方为某种行为或者不为某种行为的权利。请求权的普遍情形为债权。”其他的权利都是主要针对支配权或者请求权，或者由支配权和请求权复合而成。

由于支配权中最主要的是物权，而请求权中最主要的是债权，“物权和债权的划分在法学家的思维当中始终占有如此重要的地位，那或许是因为这种划分至少在其主干上反映了主观权利模式的二元性，这种二元性是权利概念本身所固有的”。所以，在考虑土地承包经营权的属性时，首先必须界定该种权利是物权还是债权。

5.1 我国城镇化进程中农地流转制度探索

5.1.1 物权与债权二元区分视角下土地承包经营权物权性分析

自土地承包经营权这个概念出现以来，就有人认为它属于债权，有人认为它属于物权。持“土地承包经营权是债权”之人认为：土地承包经营权演进形成的初始性状态，以及相关的政策与文件中带有债权性的规定，为依据认为农村土地承包经营权是一种债权。其理由是：第一，土地承包经营权是因为联产承包责任制的推行而产生的一种权利，是基于联产承包合同取得的，联产承包合同属于债权合同。“联产”表示土地承包方必须以承包经营合同为依据开展农业生产经营活动。正因为如此，发包方可根据联产承包合同在一定范围内支配承包出去的土地。所以，土地承包经营权是独立物权的说法不成立。第二，从承包方与发包方的关系来看，是联产承包合同关系。从实质上看，土地承包经营权展现的是集体内部分工、分配的权利义务关系。未经发包方同意，承包方不能擅自转让土地承包经营权。在这种转让机制下，土地承包经营权体现了债权属性。“这种以合同形式实现土地所有权与土地使用权区分，农民（农户）所获得的土地使用权，是依据承包合同产生的权利，性质上属于债权。”土地承包经营权的债权说曾经被最高人民法院《关于审理农业承包合同纠纷案件若干问题的规定》所采用，在实践中产生了一些不良的后果。

物权说虽在如何履行农村土地承包经营权时存在很大的分歧，但在认为农村土地承包经营权应当是一种物权这一点上却完全相同，持有物权说的学者认为“从这一承包合同作为法律实施产生的承包经营权，并非债权，而是一种物权。”“承包经营权无论从理论上还是实证分析上，都应当属于物权性质。”原因有三：（1）《民法通则》中，土地承包经营权出现在第五章第一节，这一节规定的是物权制度。（2）只要在法律和合同允许的范围内，承包方可直接控制、利用承包的土地，且具有两大属性，一是排他性，二是长期稳定性。（3）虽然土地承包经营权是以合同为基础产生的，但不能因此否定其物权属性。因为从古至今，使用合同对用益物权进行设定是常事。目前，物权说已为大多数学者所赞同，成为当前学术界的通说。从《中华人民共和国物权法》设立了专章对土地承包经营权做出规定来看，说明我国立法已经采纳物权说的观点。

另外，还有学者认为土地承包经营权是一种处在债权与物权之间的权利形态，或者认为土地承包经营权是一种具有双重属性的权利。“当前农村土地承包经营权是一种过渡性物权，或不完全物权。首先，从当前立法规定和农村实践来看，农村土地承包经营权具有较强的债权属性。其次，土地承包经营权并不完全是债权，而是一种过渡性、动态性物权，是一种由完全债权向完全物权过渡时期的产物”。“土地承包经营权既不是典型的物权，也不是典型的债权，而是一种具有物权和债权特点的奇怪的混合体。”

“随着近20年来农村改革的不断深入，承包经营权的物权成分越发得到强化与张扬，如果说这种权利从一开始实行土地承包经营制的时候还有一些债权成分，那么现在该权利已经是一种典型的物权。”“物权是人对物之间的关系，是人对物的直接的且独立的支配权。物权与债权不同，不是对特定人的权利，而是对任何人都可以主张的对物的排他性的支配状态的权利，这种主张受到保障。”“物权仅包含两项要素：作为权利积极主体的人和作为权利客体的物。物权是对物的直接权利。债权或对人权是指，被称为债权人的人对另外一个人——债务人要求特定给付的权利。对人权或者债权包含三项要素：首先，作为权利积极主体的债权人，作为消极主体的债务人以及作为权利客体的给付。”通过分析典型的土地承包经营权法律关系，可以发现，土地承包经营权客体是一个物，这是一种权利人对物所直接享有的权利，它并不是权利人针对某一个人所享有的权利，这一点明显不同于针对某一个人的权利——请求权。其次，土地承包经营权符合支配权的典型特征，土地承包经营权人仅仅凭借自己的意思表示与行为就可以实现对承包地的支配，而无须其他人的意思或行为与之配合。因此，土地承包经营权在性质上应当是一种物权而不是债权。最后，土地承包经营权不但是一种物权而且是一种独立的、基础性的物权，它是适合我国市场经济需要的具有中国特色的农地物权形态。

当前土地承包经营权独立存在面临的主要问题是，立法、行政管理与司法实践长期以来都滞后于实践和观念的变化，而且认为土地承包经营权不具有突出的物权性，或者具有对集体土地所有权的依附性。土地承包经营权作为一种土地物权，它在中国农地物权体系中具有何种地位？如果在集体土地上已经设立了土地承包经营权,是否可以在其上再行设立物权性质的次级承包经营权？土地转包后，转承包方所取得的土地使用权是否也是土地承包经营权，是否与原来的土地承包经营权具有相同性质？这些问题立法都没有解决。

土地承包经营权以国家法律的形式，确保了农民在属于自己的土地上依法经营的权利，它关系到农村土地承包基础理论的完善和土地承包经营权制度的设计问题。目前以家庭承包方式和其他方式，是取得农村土地承包经营权的两种途径。而现实中以家庭承包为主要方式。这两种方式在法律性质上存在较大差别。从物权属性看土地承包经营权性质存在两种不同观点：用益物权和人役权。

“这种集体土地使用权相当于罗马法中作为人役权的使用权，即只有使用权和收益权而没有丝毫处分权，即使是收益权也只限于收取天然孳息。”《物权法》规定土地承包经营权是一种用益物权，但这种土地承包经营权有明显的自物权属性，是一种相当所有权。

5.1.2 土地承包经营权法律属性分析

5.1.2.1 土地承包经营权是在集体农地所有权基础上重建个人所有制的结果

土地承包经营权是在集体土地所有权建立以后，继续“在协作和对土地靠劳动本身生产的生产资料的共同占有基础上，重新建立个人所有制”的结果。“集体所有制应是指一定社会范围的人群共同体或劳动群体在协作和对土地及靠劳动本身生产的生产资料共同占有基础上的个人所有制。”农村集体所有制是集体组织共同占有与支配土地等生产资料的所有制形式。集体土地及其生产资料产生的利益也要分配给集体成员，因而有必要重建个人所有制的任务。“集体所有生产资料的目的在于确保社会成员都能公平拥有生产资料，不得将生产资料的所有权由少数私人所垄断。因此，社会成员按照一定的原则结合集体，以群体的方式占有生产资料。但这只是集体所有制的一个方面，它只解决了对生产者资料的公平占有。集体所有制还有一个重要的问题，就是要在共同占有生产资料的基础上，通过生产资料与集体成员劳动的结合实现集体成员的利益，即实现成员个人的所有制。”可以通过两种方式实现集体所有制条件下的个人所有制，一是由集体对土地等生产资源统一进行管理和经营,所取得的收益以按劳分配的原则统一分配。二是直接将集体土地分配给成员，并为之设定相应权利，成员在具有个体性质的土地上自主经营获得相关收益。

“集体拥有生产资料的所有权，它可以由集体在集体所有的生产资料的基础上集体劳动，实现二者的结合，也可以由集体将生产资料配置给劳动者个人，在分散的劳动形式下实现生产和经营。”历史经验证明，人们公社时期推行的由集体统一对土地等生产资源进行管理和经营的模式不能充分发挥农民的积极性，导致生产效率较低，不符合中国国情。而自留地、先后六次包产到户以及家庭联产承包责任制，则可以发挥农民的积极性。这说明在集体所有制不变的情况下，将土地重新分配给农民，可以更加有效地利用土地，更符合国情和农民意志，从而更好地促进生产力发展，达到实现社会主义的目的。

“满足个人的合理需要与要求，并与此同时促进生产进步和社会内聚性的程度——这是维持文明社会生活方式所必要的——就是正义目标。”在家庭承包责任制的基础上，集体所有制这种经营模式在法权上体现为集体土地所有权和土地承包权的有效运作，其中土地承包经营权是重点。“家庭经营不同于传统的个体农业，它是集体经济的一个经营层次，同时又融入承包者个人孤立所有的生产资料，是集体个人所有制与孤立个人所有制相互融合的一种经营形式。”土地承包经营权的成功实施调动了农民的积极性，充分利用了土地等生产资源，在没有改变土地集体所有制性质的基础上实现了个人所有。所以，土地承包经营权是与所有权相同的物权，也是在集体所有制基础上的法权。

5.1.2.2 土地承包经营权是集体成员利用集体土地的物权性安排

从法律概念上物权分为自物权与他物权。自物权就是权力所有人对拥有的物有充分的收益和处置的权利，是一种所有权；而他物权是一种限制权利，是限制他人物的使用权利。从法律上讲，土地承包权是一种物权，但不是他物权。

中华人民共和国成立前，中国共产党就和农民确立了农村土地属于农民所有的契约，并调动农民的积极性参与革命，顺利实现建立中华人民共和国的任务。中华人民共和国成立后，党和国家以法律的形式确保农民拥有土地的权利，这里的法律是指以农村土地承包经营权为基础物权而形成的宪政体系。

中华人民共和国成立后，在农村土地集体所有制基础上，为确保农民对土地的支配权，提高农民积极性，促进农村经济快速发展，实现新民主主义革命时期承诺的土地制度而采取的措施有：一是集体成员共同经营管理土地并将收益进行合理分配；二是依据相对公平原则，成员与集体签订土地承包协议，从而实现成员对土地支配的权益。

在对集体土地如何有效使用的探索中，最初阶段是以集体成员与集体签订具有分管和债权性质的契约，集体成员以债权方式对土地进行经营。但是这种带有契约性质的土地经营模式不能让农民放心地经营土地，农村村集体组织和政府部门的干涉，使农民的利益难以受到保护。农民迫切需要自己对土地的支配权能够长期化和固定化，并具有排他性。农民这种要求与新民主主义时期达成的契约是相适应的，并且家庭承包经营模式是在土地集体所有制的框架下高效运行，是适合中国国情符合农民利益的经营方式。

从产权角度看，农民依法劳动合理的排他性不但能够充分利用土地，发挥土地最大价值，而且可以使农民的生产积极性实现最大化。只有其他人不能拥有产权确定效益时，这样的效益才可能内部化。党和政府从长远角度考虑认可并确立农民的土地承包经营权，这样经过短期实践后在全国范围内实施，实现了在集体所有制的基础上农民对土地的经营支配权。

在不动产共有关系中，共有人有权全部使用共有物并享受收益权。但是，在现实生活中很难形成共有意志对共有物进行共同分配，而是共有人之间达成约定或明确的协议共同管理共有物。根据民法规定，对于分管形式中的共有人对共有物中的一部分有使用权但不是他物权，就是共有人在集体土地所有权基础上充分利用土地的物权性安排。

“分管契约乃指共有人约定各共有人各占有共有物而为使用”,“依实物见解，共有人间之分管契约具有物权效力，对应有部分之受让人，仍继续存在，且共有人对共有物特定部分之管理，使用收益行为，不以本人为之为必要，共有人使第三人为之，自己处于间接占有之地位，仍无不可” 。“有的学者认为共有人之间订立共有权的管理和利用合同是债权，不能对抗善意的第三人，这值得商榷。共有物的管理和利用是基于共有关系而产生的约定，是共有人共同支配共有财产的具体表现，就其性质，是物权而不是债权。”

总之，农民土地承包经营权是一种建立在所有权基础上的物权，这种物权体现在农民依法享有对特定地块的排他性支配权。据此，作为土地承包经营人的农民有两种身份：（1）在集体所有制条件下作为集体成员自主占有土地资源；（2）相对独立于集体所有，在集体所有权范围内对土地有支配权。因此这种权利是一种所有权的物权，是土地集体所有制的演变形式，它保障了集体成员对土地的使用权，但不是在他人物上的物权，不属于他物权范畴。

5.1.2.3 土地承包经营权在生长路径上显示出了向所有权靠近的趋势

为发展农村经济实现农村社会长期稳定的局面，中央新的农村土地政策使农民土地承包经营制能够长期延续下去，这一政策的实施使农民的土地权具有与所有权相同的法律效力。《中华人民共和国物权法》就确保了农民的这一权利，从而推动了农民和土地间的本质联系。党中央审时度势高瞻远瞩，明确土地承包政策不变，强化了农村土地经营权权能，使农村土地流转受到法律保障。

自党的十七届三中全会至十八届三中全会以来，中央赋予土地承包经营权人完整的土地支配权利，以实现农村土地承包经营权财产权化及充分流转的法律政策，日益成为指导实现农村土地制度产权理论的政策基准。党的十七届三中全会通过的《中共中央关于推进农村改革发展若干重大问题的决定》指出，要“完善土地承包经营权权能，依法保障农民对承包土地的占有、使用、收益等权利。按照依法自愿有偿原则，允许农民以转包、出租、互换、转让、股份合作等形式流转土地承包经营权，发展多种形式的适度规模经营。”党的十八届三中全会通过的《中共中央关于全面深化改革若干重大问题的决定》更加明确指出：“在坚持和完善最严格的耕地保护制度前提下，赋予农民对承包地占有、使用、收益、流转及承包经营权抵押、担保权能，允许农民以承包经营权入股发展农业产业化经营。”2014年的中央一号文件再次强调:“稳定农村土地承包关系并保持长久不变，在坚持和完善最严格的耕地保护制度前提下,赋予农民对承包地占有、使用、收益、流转及承包经营权抵押、担保权能。在落实农村土地集体所有权的基础上，稳定农户承包权、放活土地经营权，允许承包土地的经营权向金融机构抵押融资。”综上所述，中央已经明确了农村土地承包经营权权能扩展，农村土地可以依法流转，农村土地承包经营权逐步走向市场化，并具有资源配置功能。

5.1.3 功能与价值实现视角下土地承包经营权法律属性分析

5.1.3.1 土地承包经营权是实现我国农地利用的核心物权形态

西方发达国家和地区一般以农民对土地拥有所有权的形式促进农村经济发展。从我国农村土地利用的现状来看，家庭承包经营权是农村土地利用的法律主体形式，这种经营权赋予农民的权利，和市场经济发达的国家和地区赋予农民的土地权利是类似的。因为集体土地所有权不能流转，必须依靠家庭土地承包经营权实现土地流转，这实际上赋予了农村生产资源配置的权利。这种资源配置功能与市场经济发达国家和地区的农民土地所有权是相同的。

“在农民土地权益中集体土地所有权是基础，土地承包经营权是核心，宅基地使用权等则是其重要的具体内容。”事实上，中国生产资料公有制的存在，使得土地承包经营权、建设用地使用权等发挥了类似大陆法系土地所有权所发挥的功效，而与用益物权制度所实际发挥的作用并不相一致。对此，日本学者原田纯孝先生指出，“从机能方面来看的话，也可以说中国用益物权所起的作用，相当于日本的私人土地所有权担负的作用，但其用益物权的性质，无论是从社会经济的角度，还是从法律的角度来看，都与日本民法的用益物权不一样。”

5.1.3.2 土地承包经营权承担着农民群体人权保障与人格发展促进功能

在法制社会里，“所有权远不只是一种财产权的形式，它具有十分丰富的经济内涵和政治内涵”。从一般意义上讲，财产权是人格独立、人身自由受到保护的基础，只有财产权得到有效保护了，人民才能实现安居乐业，社会才能长期繁荣。从法律意义上讲，所有权是人民的基本财产权利。从充分保障人身自由的角度看，“所有权应保障基本权利之承担者，在财产法之范畴中，享有一个自由空间，以使其独立而负责人格，能得以形成与发展”。

从人文角度讲，所有权是一项必须受法律保护的基本人权的观念，已经被市场经济发达国家和地区认可。从社会大众的角度来看，所有权不只是一种财产权，还是一种基本人权，且这种权利已经得到了社会大众的认可。从宪法的角度来看，财产权是一种人权、公权，不可转让、无法剥夺，是一种与生俱来的权利。同时，民法层面的所有权对所有权人的自由意志空间做出了明确规定，为所有权意志的实现提供了有效保障，并防止其他私人意志干涉所有权。而在宪法层面，所有权对私人所有权的救济方式、对国家的防御力范围做出了明确规定。

民法和宪法对财产权的不同规定说明了一个重要问题：宪法层面的财产所有权作为一项针对国家的权利属于一种“防御权”，也就是公民防止国家权力违法侵害个人权利，并能在受到侵害之后依法获得救济的权利。

“地权是宪政的基石，包括地权在内的市民的财产权是国民人格的构成要素，而构成了公民权利和自由的基础。”对于农村和农民来说，土地承包经营权具有重要的现实意义，它是提高农民生产积极性和实现和谐社会的基本要求。农民享有的家庭承包权无疑是非常重要的，它是中国民主革命时期，契约的承诺和改革开放以来保障农民土地权利的结晶。保护土地承包经营权是中国共产党领导广大人民谋求解放和实现社会主义现代化建设的根本保证。在农民享有的所有有关土地权利体系的内容中，土地集体所有权是一种基本权利，但是它只是一个框架，不是最核心的层次。而农民拥有的土地承包经营权包括宅基地使用权，才是对农民土地权利的实际有效保障。在这里有必要分清土地利用权保障和土地所有权保障，农民的土地利用权才是保障农民财产权的基本体现。从土地承包经营权的价值意义来说，土地承包经营权是农民自由和尊严实现的前提条件，是保证农民不再被剥削和奴役的物质基础，是农民日常基本生活保障的基本手段，是农民赖以生存的基础。它的重要性体现在农民个性发展上，正是农民参与农业生产活动才塑造出具有乡村气息的自然人格特征。一旦丧失土地承包经营权，这种人格魅力会减弱甚至消失。

因此制定对农民利益的保护政策，具有对社会弱势群体帮扶的特定含义，在一定程度上体现了社会主义制度的优越性。让这部分群体拥有土地使用权，可以提高土地利用效率，消灭贫困人口，实现社会稳定。土地承包经营权稳定化、缓解了农村贫困现象，得到了农民真心拥护与欢迎，进一步巩固了党的执政基础。

土地承包经营权将农民真正从土地上解放出来，在空闲之余可以进城务工或创业，为农民发挥聪明才智提供了广泛空间，同时也彰显公法意义。也就是说，农民的承包经营权同时受到公私法的有利保护。这种特殊法律地位使农民拥有的这种权利比市场经济发达国家的土地所有权更有优势，更具有人权保障价值。

5.1.3.3 土地承包经营权具有与永佃权完全不同的价值内涵与发展趋势

永佃权制度是以支付地租的方式，长期在他人的土地上进行耕种的权利。古老的永佃制度和今天的土地承包制度有着很相似的权利形态。在我国历史上也出现过这种物权权利，是一种重要的物权。很多国家法律中都有对永佃权的规定，也有学者主张将土地承包权改为永佃权，甚至认为两者等同。虽然有很多相似之处，但是从价值、伦理和法律关系看它们之间存在很大差别。农村承包经营权是实现农民利用土地创造效益改善生活的一种方式，它是特殊的共有权和个人所有权的关系。虽然不缴或少缴承包费用但却不是地租，而是代行管理集体所有权产生费用的补偿形式。永佃权仍以收取地租作为常态。

永佃制度缓解了土地所有与土地利用之间的矛盾，充分实现了土地价值。但由于所有权人分隔了永佃权人的收益，所以在传统农业缺乏比较优势的情况下，这种制度已经成为次级的土地经营模式。同时，随着农业地位日趋下降和耕者有其田的普遍落实，这种制度出现衰微之势。原因在于土地承包经营权是实现集体土地所有权的重要方式，是一种可以看作土地所有权的土地物权。它承载了太多的历史使命，它的历史价值、政治价值和所有权程度是永佃权不能比拟的。因此，可以吸取永佃制度的优点，但是两者不能等同，更不能将永佃制度代替土地承包经营制度。

5.1.4 历史传承与制度实践关照下的土地承包经营权法律属性定位

5.1.4.1 中国传统地权制度中的双层所有权思想、制度及其借鉴

我国把地权制度分为两种，它们分别是永佃权制（传统地权制度）和大陆法系永佃权。然而，前者相对后者表现得更为充分和成熟，更为甚者前者具有“第二层次的所有权”或者“类所有权”的性质。之所以产生如此不同的区别有着一定的原因：首先，永佃权制是长期存在的，而大陆法系永佃权相对来说期限是固定的，且时间设定起来较长期；其次，永佃权制（传统的地权制）可以通过出租、转让等方式进行比较充分流转，大陆法系中的永佃权在出租方面受到一定限制，多数情况下土地不能进行再次出租。“根据所有者的意思或者非因所有者的意思而产生了无期限的限制性物权，这与将所有权置于对土地具有全面而富有弹性的

支配权位置，而其他物权构成限制物权的现代法有所不同”。所以，在农地上，传统的永佃权中存在所有权和永佃权的支配这两种支配体系，两者相互制约且并存，呈现多层次性；两者相辅相成，所有权中需要永佃权起作用，而永佃权同样需要所有权的存在，这样类似于双重所有权的结构，基本上基于两者对土地的支配以及法律层面的不同层次的处分。

“‘田面田底’现象一旦出现，当时的中国人就认为它与其说是租佃关系，倒不如说是与田主所有权相并列的土地所有关系。人们并不把这种做法看作土地整体的买卖，而是只是看作‘田面’的买卖和所有。换言之，就是把‘田面——田底’视为两种并存的事物，能够分别买卖和所有。”在普通民众看来，那些将普遍的法律作为推理的一种结论是，土地所有权不再仅是单一的所有权，变成“田底权”。拥有该权利的人既能够获得长期土地收益，又可有效支配土地的交换价值；民间之所以出现“二地主”的叫法，是因为处分权中的出租、转让以及继承等权利属于较直观的层面，这样在普通民众看来便有了“二地主”的称号。其中永佃权对土地所有权进行质的分割，是一种双重所有权现象。“‘田面权’除永久耕作权外，还有改变土地用途（如造坟、置屋）、转佃、买卖的权利，反映的是土地所有权的分割，属于所有权制度的变化。”这种变化的趋势表现在如下方面：在中国，当出现人与地之间日益加剧的矛盾冲突时，“田底权”的出现恰能在农用地的投资以及收益方面，更为充分地满足非农这部分阶层人的需要。而且，像“田面权”这种土地权利，满足了人们在一般的经济活动中对农地的各种需要。这就为中国地权制度的完善提供了极大的借鉴机会。所以，永佃权便应运而生，经过该权利的实践，我国古代在对土地权利进行划分时比较看重实用价值，而在理论方面则显得过于抽象。其实这两种地权概念属性是相互分割的。

无独有偶，德国在对罗马法的有效继承中，保留了日耳曼法中的直接和间接所有权。在技术构造和价值目标方面，两个国家关于地权制度保持了高度的一致性。土地所有权的概念在中世纪被德国人在罗马法提出后，农民始终处于劣势，比如当土地和佃农两者存在一定的租赁关系时，便出现一种稳定，并且可以进行世袭继承，这在古日耳曼习惯法中体现得更为充分，地主、佃农间的租赁关系呈现一种稳定的可世袭性。到后来罗马法设定了具有一定时间限制的契约性租赁，这对佃农等农民产生了不利影响，所以继受过程中，“唯日耳曼社会经济最重要的土地所有权人与土地使用权人的相互关系，未受到罗马法所有权概念的影响。盖注释法学派将农民的土地使用权解释为用益所有权，将地主的土地所有权解释为直接所有权。此解释与我国古代，尤其清代台湾所有权之分割，即地主之田骨，佃农之田皮相类似。德国所有权分割的目的在适应当时日耳曼社会的实际需要，尤其在保护一般农民对土地的占有使用。”

5.1.4.2 农民社会心理视角下的土地承包经营权法律属性分析

农村土地承包经营权经过农民的实践，已经形成了一种独立的类似于所有权的产权认知机构，形成将土地承包经营权作为所有权产权层次的心理基础。如果从心理学的角度看，将土地承包经营权界定为一种相当所有权更加符合农民对土地承包经营权的认知状态，强化土地承包经营权的物权属性使之成为一个名副其实的相当所有权，符合农民对农地权属的期望趋势。陈小君教授主持的调研显示，针对“您觉得农村的承包地（田）的所有权归谁最好”这一问题，有46.41%的受访农户期望归个人所有，21.23%的受访农户期望归国家所有，22.18%的受访农户期望归村集体所有，15.00%和5.05%的受访农户期望归乡（镇）集体和村小组所有。“农民期望在关涉土地权利的问题上具有较强的话语权，并希望农地所承载的权利具有稳定性，自己在土地承包经营权的行使中具有更多的自主性。”陈小君教授主持的调研显示，虽然46.41%的受访农户都倾向于承包地最好归个人所有，但其目的不是农村土地私有化，而是享受更加稳定、更加自主、更有保障的土地承包经营权。也就是说，目前，农民已经对土地承包经营权形成独立的认知，认定它是像所有权一样的基础产权，希望获得像所有权一样被重视和保障的土地承包经营权，也就相当于所有权。

5.1.4.3 土地承包经营权法律属性的重新评估与检讨

在《中华人民共和国物权法》中，土地承包经营权这样一种地权制度兼具价值和重要性，并且将该权利划分到用益物权分则的第一章，从两个方面给予了界定：第一，把土地承包经营的重要性进行突出；第二，站在立法的角度，土地承包经营权和一般用益物权之间也存在一定差异。

“在土地公有制的条件下，一般公民与法人享有的是近似于所有权的土地使用权。”土地承包经营权并非是在他人之物的基础上设立物权，所以，该权利称不上传统民法所指的他物权，尽管这种权利同样倾向于对土地实现占有、使用和收益的权利，土地承包经营权和传统的民法用益物权之间差异明显。所以，在分析土地承包经营权时，应抛开那些所谓的所有权中心主义下的概念格式以及传统的所有权中心论，进而在中国的具体实践中，较客观地认知土地承包经营权，并将其列入介于传统物权的所有权和他物权间比较接近所有权的物权，而非简单地划入他物权系列中。

集体土地所有权出现质的分割情况，通常发生在以家庭承包的方式取得土地承包经营权的情形，比如土地所有权和承包经营权两者同时存在时，也即赋予了土地承包经营权自物权属性，换句话说，作为一种相当物权而存在。“究竟土地承包权的实质为何？从本质上讲，它是对所有权的分割。首先，承包合同越是长期化、固定化，承包权对所有权的分割程度就越高。其次，在我国现实中，土地承包权是有价值的，这个价格的存在便证明承包权对所有权的分割作用；承包权对应所有权的价格越高，承包权对所有权的分割程度就越高。”如今的土地承包经营权已经普遍存在，在这种情况下，集体土地所有权通常表现为一种对土地进行分配和管理的上层所有权。

“土地所有权人所能行使的，在国有土地上是收取一定的土地使用权出让金或做出划拨土地的决定，在集体土地上是合理分配承包土地和农村宅基地以及在土地被国家征收时取得征地补偿。土地所有权怎么也套不上传统物权理论所说的最完整、最充分、最全面的所有权概念，但仍是货真价实的所有权，只不过其所有权的价值和意义表现为收益权能和管理权能而已。”尽管土地承包经营权和日耳曼法中所有权在产生和发展的过程中存在不同的发展路径，然而两者仍具有一定相似性。此外，土地承包经营权在权能和流转等效力方面，也都优于日耳曼法时期的下级所有权，所以这种地权制度是一种完整意义上的物权。

目前，农村土地物权所有权的二权结构在土地承包经营权的相当物权面前，遇到了新一轮理论方面的挑战，然而二元化的所有权并未超过人们的心理认知，也就是说对人们未构成心理上的恐惧，因此，在对土地承包经营权方面，应既在英法美系方面对信托财产权的制度的构造进行经验积累，又在中国的实际现状下对理论以及制度革新建立新的认知。“二元所有权结构的信托财产，让所有权的一元结构也遇到了前所未有的挑战。两个所有权并存并不应为理论上的困惑——这种困惑只存在大陆法——而在现实中被英美法所抛弃；相反，二元所有权正是英国长期以来，自由市场经济必然导致产生并被发现的优良法律制度。”

5.1.5 土地承包经营权相当所有权属性确认的理论与实践价值分析

5.1.5.1 土地承包经营权的相当所有权属性的确认与农地权利的配置及运作

对土地承包经营权相当所有权属性进行清晰界定，既促使农村土地承包经营权的保障得到强化，又协调集体土地所有权、土地承包经营权两者的运作，重新认定集团成员的认定资格标准。认同土地承包经营权的相当所有权属性，就有助于农民集体甚至个体有效运作集体土地所有权，并呈现协调一致的效果，进而有效化解集体地权和农民个权间的矛盾冲突。

“集体土地所有权与土地承包经营权之间的冲突普遍存在于农村土地的调整过程中、集体收回承包地的过程中以及农村土地承包经营权的流转过程中。集体土地所有权与农村土地承包经营权之间的冲突必须在充分把握集体土地所有权与农村土地承包经营权本质属性的基础上妥善解决。集体土地所有权与土地承包经营权高度一致表明，土地承包经营权人对特定的集体土地所进行的占有、使用与收益在一定程度上就已使得集体土地所有权的目的与功能得到了实现。”

因此，应当在承认土地承包经营权的相当所有权属性的基础上，“严格限制集体调整承包地与收回承包地的权利，允许农民在自愿的基础上充分流转其承包地，建立集体土地所有权在土地承包经营权限制下实现的制度，可以达到协调两种权利的运行，构建和谐农村法秩序的目的。”

承认土地承包经营权的相当所有权属性，有利于构建符合我国国情的集体成员资格变动制度。人们认同土地经营权的相当所有权属性，这种现象是具有一定的促进作用。这种土地承包经营权在本质上和集体土地所有权关联紧密，也就是说一旦集体土地所有权成员发生变动，同样意味着土地承包经营权和宅基地使用权也发生相应的变动。

在对所有权在内的物权的取得过程中，最为关键的是取得物权关系的工具和结果。农地所有权方面存在集体土地所有权和土地承包经营权，这样当集体成员取得对集体土地成员权时，取得的是土地承包经营权等物权，也就是农民以个体的名义得到土地承包经营权，这就表明对集体土地拥有最终成员权。

综上所述，认定集体成员的资格存在一个新的标准：第一，农民以自然人的身份享有土地承包经营权、宅基地使用权作为重要的认定标准；第二，是否取得土地承包经营权、宅基地使用权，这是一个重要的考量标准。最终在法律行为的基础上，明确集体成员资格取得与否的情况。

5.1.5.2 土地承包经营权的相当所有权属性与农地权利的征收补偿

引起物权及其他土地财产权消失的行为是土地权利的征收，所以土地征收发生补偿的时候，首先应考虑的是对农民丧失的土地物权给予补偿。如今，在农村土地物权方面，一般存在集体土地所有权和土地承包经营权这两种形态，所以若是要对农业用地进行征收，那么就要相应地补偿集体土地所有权与土地承包经营权。另外，对集体土地所有权、土地承包经营权等物权进行补偿时，将出现如何补偿以及优先补偿哪一权利的问题。此外，农村中还有经过家庭承包取得的土地承包经营权以及通过其他方式取得的土地承包经营权，应该有不同的补偿标准对这两种土地权利进行补偿。

“如果补偿给集体，个人得不到补偿，土地承包经营权就会落空，而这与改革的初衷——解放农民不一致，也与土地承包经营权的制度设计不一致。”具体的补偿费用具体体现如下；如果土地补偿费采用的是集体土地所有权与土地承包经营权双补，一般至少需要把补偿费的 70% 直补给农民；其他的补偿给予集体。另外，为了避免补偿不到位的情况，支付补偿费用的时候，尽量弥补土地承包经营权人的经济损失。所以，当进行土地权补偿时，首先应当考虑在剩余期限的基础上增加补偿费用，以此补偿权利人的期待权利损失。

5.1.5.3 土地承包经营权的相当所有权属性的确认与农地流转制度的完善

人们不仅认可土地承包经营权的相当所有权属，还在制度上保障土地承包经营权有序开展，这些都有效促进了农村土地承包经营权的流转与农业经营模式的创新。现实中，农民对土地承包经营权相当所有权属性的认知越准确与确信，就越强烈地抱有流转承包经营权的意愿，也倾向于在实践中采取流转承包经营权的行为。实践调研显示："认为承包权归属个人所有的，在农村土地承包经营权流转中表现出很强的流转意愿，随着对这个问题的认知准确程度由高到低，也影响了他们对农村土地承包经营权流转意愿的由强到弱。在对承包地年限 50 年的看法中，他们对承包年限的认知决定了他们对农村经营权流转的意愿强度，被访问的认为承包期限 50 年期限长的农户的流转意愿，没有被访问的农户认为承包期限 50 年期限短的强烈，而对这个问题表现出无所谓或者不清楚的被访者，也就是对这个问题的认知不清或者不关注的被访农户，流转意愿最弱。"

承认土地承包经营权的相当所有权属性。2014 年 10 月，中共中央办公厅、国务院办公厅印发了《关于引导农村土地经营权有序流转发展农业适度规模经营的意见》，该意见指出，要"以保障国家粮食安全、促进农业增效和农民增收为目标，坚持农村土地集体所有，实现所有权、承包权、经营权三权分置，引导土地经营权有序流转，坚持家庭经营的基础性地位，积极培育新型经营主体，发展多种形式的适度规模经营，巩固和完善农村基本经营制度"，将三权分置作为新的法律条文进行补充，正式将此条文作为农村土地流转的指导性法律政策。

集体土地所有权如果放在"三权分置"的背景下，农村土地承包经营权大体可分为债权性经营权以及物权性经营权。随着农村土地经营权的流转，在土地承包经营权方面，需要进行入股、信托等功能表现。在实践中，"土地承包经营权的转包明显不同于土地承包经营权的转让与出租，转包行为是一种包含设定支配权意思表示的处分法律行为，转包的后果是设定与永佃权相当的农地用益物权。在土地承包经营权入股的运作过程中，农民一般是在其土地承包经营权上设定次级承包经营权，并将该权利移转给合作社或者公司，从而获得相应的股权"。农业耕种经营是在农村土地承包经营权基础上，建立新的物权形式，它是同永佃权相差不大的用益物权在三权分置的背景下经营权的概念产生。因此，关于在农村土地经营方面新设定的用益物权和永佃权，两者统称"经营权"，这样就能在说明该权利设定的目的和功能时，同中央政策和农民的认知保持一致性。

综上所述，耕作经营权是以法学经济学、英美法系以及经济学等产权理论为基础，产生以土地承包经营时段分割为特征的基本地权制度。它是一种经营权，是一种来自经济学中的新型物权形态，在其实施过程中，首先设定转移物权性中的耕作经营权，然后将经营权、承包权以及所有权进行分离，最后构造土地承包经营权入股、抵押以及信托制度，最终实现土地承包经营权有效流转。

5.2 我国城镇化进程中土地储备制度探索

5.2.1 我国城镇化进程中农村土地承包经营权流转趋势分析

土地承包经营权的流转是指拥有土地承包经营权的农户或个人在自愿公平的原则下，将土地的承包经营权或使用权移转给其他农户或经济组织的行为。在《农村土地承包法》颁布后，我国农村土地承包经营权的流转进入了一个快速发展的新时代。

5.2.1.1 农村土地的流转表现出了地区的不平衡性，东部经济发达

地区农村土地流转发展较快，中西部地区农地流转发展迅速。从横向来看，相对于落后地区，经济发达地区的农村土地承包经营权流转更加规范与成熟，表现出了与农村经济发展、农村非农产业发展以及农村劳动力向非农产业转移密切关联的趋势。中国东中西部地区农村土地承包经营权流转规模呈现出梯度性降低趋势，东部地区农村土地流转快于中部地区，而中部地区的农村土地流转又明显快于西部地区。中国东部地区城镇化水平与非农产业发展水平较高。农村土地流转的历史与现实基础较好。

农业现代化程度高的地方，如许昌市，土地流转已超过 30%。农村土地流转和规模化经营，提高了农业生产集约化和专业化水平，实现了土地、资金、技术等生产要素的合理流动和优化配置，对促进现代农业建设和“三化”协调发展起到了积极作用。河南省农业大县安阳县，辖 21 个乡镇，608 个村，总人口 93 万人，其中农业人口 80.8 万人，耕地面积 7.13 万公顷，人均耕地面积 767 平方米，常年粮食播种面积在 11.07 万公顷以上，总产量在 74.8 万公顷以上。到 2012 年底全县土地流转面积达到 1.9 万公顷，占总耕地面积的 26.6%，居河南省安阳市之首。其中，用于发展高效农业面积 5333.33 公顷，占流转面积的 28.1%；发展常规农业面积 5720 公顷，占流转面积的 30.1%；发展其他农业面积 3546.67 公顷，占流转面积的 18.6%；发展“四荒”面积 4400 公顷，占流转面积的 23.2%；流转土地经营权的农户达 3.9 万户，占全县农户总数的 17.4%。

2012 年底，新疆集体所有农用地总面积 3921.3 万亩，家庭承包经营耕地面积 3018.7 万亩。发生流转的家庭承包耕地总面积 352.9 亩，占家庭承包耕地总面积的 11.7%。流转出耕地的农户数为 15.1 万户，占家庭承包经营农户数的 7.2%。在转出耕地中，采用转包方式的比例最高，占 59.6%，出租占 16.8%，互换占 15%，转让占 7%，股份合作占 5%，其他方式占 1.1%。2009 ~ 2012 年，新疆农村土地流转面积在家庭承包经营耕地总面积中的占比以每年 1%的速度增长。流转双方积极通过签订土地流转合同方式维护自身权益。2009 ~ 2011 年，家庭

承包土地流转合同的签订率，以每年 11.6% 的速度增长，合同覆盖的耕地流转面积以每年 8.1% 的速度提高。2011 年，全自治区签订流转合同的耕地面积 274.2 万亩，已占当年流转总面积的 77%。

5.2.1.2 土地承包经营权流转的形式

从土地承包经营权流转的形式来看，土地承包经营权的转包和租赁长期以来，是土地承包经营权流转的主要形式，但是土地承包经营权入股等其他流转方式发展迅速。土地承包经营权的流转既包括物权性流转，如土地承包经营权的转让、互换与部分的转包；也包括债权性的流转，土地承包经营权的租赁以及性质相对比较复杂的土地承包经营权入股。

从内容比例上来看，目前转包、租赁、转让仍为农村土地承包经营权流转的主要方式。从土地承包经营权流转的实际状况来看，抚顺市土地承包经营权流转面积为 12.3 万亩，占承包地总面积 153 万亩的 8%。在 12.3 万亩流转面积中，转包 7.9 万亩，出租 3.6 万亩，转让 0.8 万亩，互换约 0.3 万亩。按流转去向分别为：流入农户 9.4 万亩，流入农民专业合作社 1.2 万亩，流入企业 1.2 万亩，流入其他主体 0.7 万亩。

目前，农村土地股份合作社已经在全国范围内出现。如安徽省淮北市郭王村，该村农民自己组织了郭王村土地股份合作社，作为该村土地流转的主体，负责与农户谈判土地入股方式。2010 年，该村入股的土地价格为每亩 800 元。2010 年合作社还为每亩再分红 350 元。合作社对入股的土地进行集中连片的水、电、路等基础设施建设，然后把土地分租给食用菌种植大户使用。淮北市和相山区政府为鼓励土地流转，一次性给予合作社每亩 400 元补助。相山区的钟楼村也存在类似的土地流转合作社。

现实中，还出现了很多名为“土地银行”而本质上仍为土地股份合作社的组织。“土地银行”经营模式指以村组集体经济名义注册成立农业资源经营合作社，农民自愿将土地承包经营权“存入”合作社，成为合作社成员。

5.2.1.3 农村土地流转交易市场、场所普遍建立，成为推动农村土地流转的重要因素

农村土地流转交易市场、场所普遍建立，成为推动农村土地流转的重要因素。党的十七届三中全会前后，各地先后成立了产权交易所、土地流转交易中心或者农交所等机构，推动农村土地的进一步流转。“安徽省五河县各乡镇按照政府搭台、农业部门管理、职能部门联动和便民、高效的基本要求，各乡镇都成立了农村土地经营权流转服务中心，并出台了农村土地流转实施方案，各乡镇土地流转服务中心（办公室）虽挂牌，但有部分乡镇没有进入实质性工作，存在土地流转档案管理不规范等现象。”“各地农村土地流转通常存在这样的演进逻辑：第一

阶段，政府主导下开展农村土地的规模化流转，交易的市场化程度较低；第二阶段，逐步通过制度设计和平台建设引入土地流转市场机制，政府权力逐步退出；第三阶段，以市场机制为主导，交易所内的规模化交易与场外的零散交易并行，市场化模式逐步成熟，政府回归外部监管者的法律角色。”

5.2.1.4 土地承包经营权的流转表现出了向种田能手、龙头企业、农业公司、合作社等农地经营人员和机构集中的趋势

在农村土地流转的基础上，全国各省市规模性流转及规模性经营发展迅速。从流转趋势上来看，土地承包经营权的流转表现出了向种田能手、龙头企业、农业公司、合作社等农地经营人员和机构集中的趋势，有效地促进了规模经营、高科技经营以及特色经营，提高了土地的利用率和产出率。同时，这一流转也表现出了土地连片集中流转导向。土地连片流转使得种田能手、龙头企业、农业公司、合作社可以开展各具特色的无公害农产品、绿色农产品等高优质农产品的生产，有机食品基地的建设及高附加值农业的深加工等，这些都为优势农业集约化、规模化、产业化生产经营创造了条件。

2012 年 6 月底，全国流入工商企业的耕地面积达 2500 万亩，比 2009 年年底增长了 84.6%。国务院发展研究中心副主任韩俊则表示，目前我国公司经营的土地占流转土地面积的 20%。据初步统计，截至 2012 年 12 月底，全国家庭承包经营耕地流转面积达到 2.7 亿亩，占家庭承包耕地（合同）总面积的 21.5%。其中，流入工商企业的耕地面积为 2800 万亩，比 2009 年增加 11.5%，占流转总面积的 10.3%。我国农业经营主体培育情况为：“截至 2014 年底，全国经营面积在 50 亩以上的农户数超过 341 万户，家庭农场超过 87 万家，依法登记的农民合作社达到 129 万家，龙头企业超过 12 万家，各类农业社会化服务组织超过 115 万个。”重庆市截至 2010 年 9 月末，全市农村土地承包经营权流转总面积达到 717.9 万亩，占家庭承包总面积的 35.3%；农村土地适度规模经营面积达到 526.3 万亩，占农村土地流转总面积的 73.3%，农村土地规模经营集中度达到 25.9%。

从 2009 年到 2010 年 3 月，安徽省淮北市通过土地流转新建规模（50 亩以上）养殖小区（场）19 个，高效种植（50 亩以上）小区 115 个。该市还组织成立土地股份合作社 4 家、农村土地信用合作社 13 家、农村土地流转合作社 4 家。安徽省铜陵市截至 2009 年 6 月共流转土地约 12. 98 万亩，2009 年新增流转 7.78 万亩，同比增长 150%，参与土地流转的 70 多家农业产业化龙头企业、工商企业和农民专业合作组织受让面积则占到了流转总面积的 49.3%。重庆市正在逐步通过农村土地承包经营权的流转实现规模化经营。据重庆市农委提供的数据，到 2010 年末，重庆市农村土地承包经营权流转总面积已达到 717 万亩，占家庭承包总面

积的 36.2%。在所流转的面积中，适度规模经营的面积已达 520.6 万亩，流转土地中 72.6%都实现了适度规模经营。伴随着土地向农业经营大户、工商企业的流转及入股等的发展，与规模经营相关的土地流转发展迅速。

截至 2010 年底，河南省全省土地流转面积已达 1173 万亩，占家庭承包经营土地面积的 12.04%，其中流向工商企业、农业龙头企业、合作组织、专业大户等规模经营主体的，占流转土地总面积的 30%。截至 2011 年 10 月底，安徽省流转 50 亩以上的规模经营面积合计达 1540 万亩，占土地流转总面积的 88.6%。

安徽省五河县农业农村土地流转经营规模化趋势明显。五河县现有农户 15.6 万户，农业人口 64.2 万人，土地总面积 125.7 万亩，其中耕地面积 116.7 万亩，人均耕地 1.81 亩。截至 2012 年 8 月底，全县土地流转总面积达 24.55 万亩，其中耕地 23.68 万亩，占耕地总面积的 20.29%。500 亩以上规模总面积 14.76 万亩。500 亩以上规模流转中企业、农民专业合作社占主导地位，单体流转 2000 亩以上的 15 家，万亩以上的 1 家。现代牧业公司一次流转朱顶镇土地 4.99 万亩、头铺镇土地 2.97 万亩、新集镇土地 1.28 万亩；安徽蓬莱农业开发有限公司一次性流转沫河口镇大李村土地 0.379 万亩。

截至 2013 年 6 月底，焦作市土地流转面积达到 79.8 万亩，占家庭承包经营面积的 35%；比上年增加 17.8 万亩，土地流转涉及 22.9 万户，占家庭承包经营农户的 38.6%；土地流转率高于全省 8 个百分点、全国 14 个百分点。在全市流转的 79.8 万亩土地中，转包 29.9 万亩、转让 0.28 万亩、互换 13.4 万亩、出租 21.3 万亩、入股 0.47 万亩、其他形式流转 14.4 万亩，分别占流转总面积的 37.5%、0.35%、16.8%、26.7%、0.59%和 18%。近年来，焦作市家庭承包经营土地逐步向种养大户、家庭农场、农民合作社等新型经营主体流转，农民专业合作社流转土地 22 万亩，龙头企业流转 6.5 万亩，种养大户流转 13.6 万亩，家庭农场流转 1.4 万亩，规模流转占全市流转的 54.5%。其中，1000 亩以上集中流转 71 宗，面积达到 10.6 万亩；500 至 1000 亩规模流转 68 宗，面积 4.7 万亩；100 ~ 500 亩规模流转 545 宗，面积 11.9 万亩，并涌现出武陟县马宣寨村、沁阳市西万村、博爱县南庄村、孟州市上河村、修武县大韩村、温县大善台村等 38 个整建制土地流转村。

新疆维吾尔自治区的农村土地承包经营权流转，表现出了向规模农户及企业流转的趋势。截至 2011 年底，新疆维吾尔自治区全区经营 10~30 亩耕地的农户数较 2009 年增加了近 22 万户，经营 30~100 亩耕地的农户数增加了近 5 万户。2011 年，流转入农户的家庭耕地面积有 316.1 万亩，占流转总面积的 89.6%，这在一定程度上整合了耕地资源，为培育种植大户、家庭农场等土地适度规模经营主体奠定了基础。近年来，涉农企业为了稳定原料供应，延伸产业链，资本下乡流转农村土地的意愿强烈。2009 年，流转入企业的家庭承包耕地面积仅为 6.06

万亩，2011 年增长到 11.86 万亩。

陕西省榆林市榆阳区自 2010 年以来，全面加快土地流转和细碎化整合，按照依法、自愿、有偿的原则，通过转包、互换、出租、转让、土地银行等多种方式，引导土地向经营大户和龙头企业集中。该区在南部山区重点推行大户经营、整村流转模式，在北部滩区则主要实行细碎化整合和合作化经营。截至 2013 年 7 月，榆阳区累计完成土地流转 65 万亩，流转面积占到全区耕地总面积的 75%。该区计划到“十二五”时期末，实现耕地“零撂荒”。

据报道，近 3 年来，湖南省湘西土家族苗族自治州下辖保靖县已有 6.24 万亩流转耕地，2 万余户农民家庭集结到 164 个农民专业合作社、38 户农产品加工企业和 100 多个种植大户手中。农村耕地流转率达到 29%，高出湖南省平均水平 7.4%。

2009 年广州市流转试点开始以来，农村土地流转发展迅速，并呈现出流转数量规模化、流转主体多元化、流转方式正规化、流转期限长期化的特点与趋势。截至 2012 年底，花山镇、城郊街、小楼镇连片试点土地的流转面积分别为 23431 亩、7580 亩、8603 亩，分别占当地耕地总面积的 54.7%、26.9%、21.4%。从这三个市（区）的流转情况可以看出，广州市的农地流转呈现规模化，这有利于农业的规模化和集约化经营。从调查中发现，花都区的土地流转，主要以部分农业企业、农民专业合作社、种植大户、协会和连片租赁农村土地，进行集中经营的模式为主，转包和转让方式流转的只占全部流转土地的 29.2%。

实践中，出现了农民专业合作社大规模参与农村土地流转的现象。如安徽省五河县全县有 3 个合作社从农民手中转包土地 2000 亩以上，分别是皖粮农民专业合作社租赁土地 3040 亩，新时代农业服务农民专业合作社转包土地 4450 亩，淮之源专业合作社租赁土地 3200 亩。安徽省淮北市到 2010 年 3 月，已经组建了农村土地股份合作社 4 家，农村土地信用合作社 13 家、农村土地流转合作社 4 家。

从流转趋势上来看，土地承包经营权的流转表现出了向种田能手、龙头企业、农业公司、合作社等农地经营人员和机构集中的趋势，这种趋势正好与现代农业发展的趋势相吻合。

现代农业的发展表现出了以下八大主流趋势：一是以生物技术、信息技术、设施技术和标准化技术为特征的高新技术主导农业现代化进程；二是农业产业结构的高级化和农场规模结构的大型化；三是农产品加工和流通业成为农业产业升级的主要领域；四是农业将成为以合作制为基础的高度组织化产业；五是政府对农业的支持保护力度加大，但支持力度趋向适度；六是农产品贸易自由化趋势不可逆转；七是农业的可持续发展备受重视；八是农业由单一功能向多功能并重拓展，农业的食用功能、工业功能、生态功能、景观功能和文化传承功能并存。

5.2.2 我国城镇化进程中农村土地承包经营权流转趋势形成原因分析

5.2.2.1 土地承包经营权的充分流转是土地承包经营权内在属性外化与推动的必然结果

土地承包经营权是土地承包经营权人在法律限度内自由利用承包地的权利，是土地承包经营权人享有的对承包地进行占有、使用、收益与处分（改变农村土地最终归属除外）的权利。从性质上来看，土地承包经营权是新一轮“与民立约”的结果，带有回归新民主主义革命理想的性质，是中国农地物权制度的核心与根本。物权性的土地承包经营权从根本上确立了农民个体与特定宗地之间的本质性联系。土地承包经营权的这一属性，决定了权利人必然需要将土地承包经营权进行流转，否定土地承包经营权的流转，会致使权利人对土地的支配性权利变为权利人对土地的依附性义务，无疑将违背权利的本质属性。

土地承包经营权通过流转才能最终使其财产价值显化，从而避免造成形成人对物的依附局面。从土地承包经营权的物权属性来分析，在土地承包经营权人实际占有与利用土地的情况下，第三人在很大程度上是基于对土地承包经营权人对土地占有的关系与土地承包经营权人对承包地的实际控制关系，而履行不侵害土地承包经营权的绝对义务。在这种情况下，侵害土地承包经营权在很大程度上带有泛化的侵害土地承包经营权人身体与人格的属性，土地承包经营权的抽象法权关系的属性无法得到充分表现。只有土地承包经营权流转出去之后，土地承包经营权人与承包地的实际占有人相分离,承包地脱离土地承包经营权人的实际控制，但承包经营权在观念中仍然处于承包经营权人的权利作用范围，对承包地的侵害依然被认为是对承包经营权与承包经营权人的侵害时，承包经营权作为一种真正物权才能表现出抽象的法权关系属性，才能表现出其真正的绝对性。土地承包经营权的流转有助于在观念上强化承包经营权的绝对效力，也使土地承包经营权能够真正成为承包权人的一项权利，保证其在承包地上的利益可以通过多种渠道获得实现。

5.2.2.2 农村土地规模经营、产业结构调整及农业劳动生产率提高的必然结果

“土地规模经营是指采取先进的技术和设备，进行大规模农牧业生产，在各要素充分利用的情况下，经营土地能达到最佳经济效益所要求的土地面积。土地适度规模经营所要求的土地面积并非是固定的，它因地、因时而变化。”土地承包经营权的自愿流转及适度集中，是规模经营实现的前提。家庭承包之下的土地“按人承包、远近插花、肥瘦搭配”导致的土地细碎化，需要通过土地流转为实现土地的适度规模经营创造条件。

实现农业的规模经营在我国具有普遍意义，对于经济发达水平不同的地区只

有层次和进展程度不同的差别。在从传统农业向现代农业的转换过程中，分散的小农家庭经营模式如何实现规模经济，小规模农户如何走上农业现代化道路，这是中国农业现代化进程中所面临的一个重要问题。为优化土地资源的配置，加快土地规模化、集约化进程，市场经济体制要求市场在资源配置的过程中起到基础性作用，而市场对资源配置基础性作用的发挥，则有赖于农村土地承包经营权的流转。由于集体土地所有权上已经普遍设立了土地承包经营权，而且集体土地所有权不能买卖，因此，农地市场配置机制的建立就更加依赖于完善的农地流转机制的建立。由于承包到户时多数村组采取了好坏、远近搭配的方式，农户承包地较为细碎，户均七八块地。"同世界其他国家相比，我国和上海的户均耕地规模属于超小型，且极为分散。农地的严重超小型经营规模，不是源于家庭承包经营责任制的农地制度，而是由于土地资源短缺和农业人口众多的人地矛盾造成的。"在我国当前的条件下，进行农村土地流转进而形成规模经营的条件日益具备：首先，近年来，我国的城镇化水平有了大幅提升，外出务工人数不断增加，农业人口持续减少，农地需求不断下降，为农地规模化经营提供了充足的土地资源；其次，农业生产不再是农民最主要的收入来源，这一变化导致农地在农民心目中的重要性不断下降。据调查，在 2008 年前后，农民 50% 的收入来自非农产业，33% 的收入来自工资。其中，工资收入在很大程度上增加了农民收入，非农收入取代务农收入，成为农民最主要的增收来源。

土地承包经营权的流转可以使农村土地向需要土地的人手中流动，从而实现土地有效配置，在一定程度上解决农村土地的细碎化问题，为土地的规模经营提供可能。土地流转会促使高效、具有活力的农户从农地经营效率较差的农户以及想退出农业活动、希望增加额外收入的承包权人手中获得土地，从而实现土地与资金、土地与劳动力的优化配置，并最终提高农地产出的效率。农业用地作为农民的生产资料，生产的重要目标就是要确保农产品的有效供给和务农劳动者的收入提高。但是现实的困境是因农民经营的土地面积过小而导致种地普遍不赚钱，从事农业种植业的农民普遍收入不高。农业从业者的收入不高，既有农产品的价格因素，也有农用生产资料价格增长较快，致使农业生产成本攀升的因素，还有农产品流通体制不够顺畅等原因，但是最根本的问题是农业劳动生产率不高。

5.2.2.3 城镇化及农村劳动力非农转移的必然结果

城镇化的发展需要农业现代化的同步推进，需要农业产业生产效率的提升，需要农业给城镇化提供产业支持；同时，城镇化还形成了城市拉力，促进农村劳动力向城市转移，并进一步为农业现代化发展创造条件。

城镇化的发展使城市中心的功能不断完善，辐射了郊区并带动了农村经济文化的繁荣与发展，加速了劳动力转移。在城市化的过程中要尊重农民意愿，遵守经济发展的客观规律，形成全面的立体城镇一体化。农业产业结构调整和工业化纵深发展相协调，可以有效提高城乡一体化进程，也是扩大内需、促进农村经济发展的良好途径。政府要在这一进程中提供有力保障，充分发挥城市对周边地区影响和带动作用，使小城镇成为附近人口的主要聚散地，为农业现代化发展创造技术条件。应大力发展中小城市建设，以工业化发展带动乡镇企业发展，集中力量进行重点乡镇建设，形成以大城市为龙头、中等城市为中心、小城镇为基础的全方位立体经济发展格局，为小城城镇提供资金支持，促进农业专业化分工，加快农业结构调整，不能出现大城市人口过分集中、产业发展不协调等问题，促使城乡一体化的健康发展。

加快农村剩余劳动力的转移，为农业现代化发展提供技术和资金支持，推进城乡一体化，必须有一定产业做支撑。产业发展可以为人才就业与流动提供机会，从而实现产业带动和城乡快速发展。而城镇化发展必须依靠技术创新提供源源不断的动力，同时强化大中城市对周边地区的辐射带动作用，进一步缩小城乡之间的距离，使之快速融合发展。城镇产业化发展为农村劳动力进城务工和创业提供了机会，农民走出土地，不再完全依赖土地而生存。

一些劳动密集型产业，如服装、家电和服务业以及具有一定技术含量的医疗、教育和金融等，一方面可以吸纳农村剩余劳动力，另一方面可以引进优秀人才，人才与产业的良性互动为实现现代化城镇提供了广阔舞台。这些新型城镇化的发展应以城乡统筹、城乡一体、产业互动为基础，努力造就生态宜居、和谐发展的城镇一体化格局。

应在制度上给予公平的机会，统筹城乡发展，努力创造就业机会，落实协调发展理念，坚持走新型城镇化道路，营造城市公平接纳农民工的社会环境，加快构建新型城乡关系，推动实现城乡要素平等交换、合理配置和基本公共服务均等化，实现城乡共同繁荣均衡发展。政府决策部门要摸清农村现状，在充分调研的基础上制定政策扶持产业发展，绝不能依赖土地财政而是要依靠技术创新；应以改善民生为最大目标，提高公共服务共建能力和共享水平，提升人民群众幸福指数，由简单粗放向精细、深加工发展，逐步缩小城乡距离，创出一条符合中国国情，具有中国特色的城镇化道路。

应进一步发掘农村产业优势，促进农村经济发展，为农村城镇化发展提供保障。农村劳动力转移后，当长期稳定的身份发生转变，若农业综合发展水平不高，生产方式、生产技术水平比较落后，农产品深加工能力不足，必将制约农产品商品化和社会化。这不仅是劳动力本身与社会保险的衔接问题，还要考虑农村经济发展机制和保障机制，抵抗自然灾害和经济市场化后的适应能力，这些因素都会对城镇化带来影响。应充分考虑制度的接口，否则会抑制人员的流动，对社会来说会加大管理成本，也不符合社会发展的趋势。所以要将农村发展和农民自身素质提高以及农业现代化综合考量，以农业为根本，政府提供政策和金融支持，既实现农村经济发展，又确保农村剩余劳动力的顺利转移。

5.2.2.4 政府的积极促进与推动以及交易平台的建立与发展

地方政府有追求土地流转效率、推进规模性经营的偏好，普遍采取推动农村土地流转的扶持政策，积极引导民营企业和城市资本进入农村。2007 年成都市人民政府《关于推进统筹城乡综合配套改革试验区建设的意见》提出“突出统筹城乡发展，以体制机制创新为关键，以谋求城乡人民最大福祉为目的，大力推进新型工业化、农业现代化、新型城市化、公共服务均衡化和市场化、国际化，努力构建科学发展、社会和谐的新体制，开创科学发展、社会和谐的新局面，加快全面建设小康社会和成都实现现代化的步伐”的指导思想，以及“试验区建设要坚定不移地按照城乡统筹、‘四位一体’科学发展的总体战略部署，以‘三个集中’为核心、以市场化为动力、以规范化服务型政府建设和基层民主政治建设为保障，全面提升城乡一体化水平”的总体要求，要求中指出“四位一体”“三个集中”的系统科学性，“三个集中”包括土地向规模经营集中，说明土地流转是城乡经济统筹发展的核心之一；而在目标任务中也指出了要使土地规模经营率达到 75%，生产总值能耗减少 20%，生态环境状况指数达 75%以上，资源节约型、环境友好型社会初步形成。2007 年，重庆市政府颁布《重庆市人民政府办公厅关于加快农村土地流转促进规模经营发展的意见（试行）》，进一步规范了土地流转行为，为重庆市统筹城乡发展、建设社会主义新农村提供了政策支持。该意见指出，要通过农村土地流转，提升重庆市农村土地规模经营和农业产业化水平，促进土地资源的优化配置，提高土地利用率和产出率，提高农产品优质率和商品率。到 2012 年，农村土地流转和发展规模经营，要稳定家庭承包经营体制，在不改变土地承包关系的前提下，实行土地所有权、承包权和土地使用权分离，创新流转机制，探索有效形式，放活土地使用权。该意见明确指出，支持鼓励农民自愿放弃承包土地，支持集体经济组织参与土地流转。允许社会资本和城市工商企业到农村承接、承租土地，单独兴办或与农民联办农业企业。社会资本、城市工商企业参与农村土地流转领办或与农民合办的合作经济组织同等享受支持农村合作经济组织发展的政策，其利用流转土地依法兴办的农业企业，可按照促进民营企业和中小企业发展的有关政策予以支持。到 2009 年初，据 21 个省（区、市）初步调查统计，已经有 11%的县（市）拿出专项资金用于流转土地整理和农业基础设施建设，有 5%的县拿出专项资金对流转双方给予适当补贴。

5.2.2.5 走向以合作社为主的规模经营是世界各国各地区土地流转的共同趋势

美国是世界上耕地面积最大的国家，其人均耕地 0.62 公顷，是世界人均耕地的 2.7 倍。农场是美国农业经营的基本组织形式。美国农场分为家庭农场、合伙农场和公司农场三类，基本形态是家庭农场。同时，美国农业是典型的现代农业，美国从 20 世纪初开始推进土地规模经营，并实现了机械力代替人力和畜力的农业生产。到 20 世纪 70 年代，美国已经全面实现了机械化耕种，20 世纪 90 年代以后，美国农业逐步向“精准农业”发展。美国主要以家庭农场为主，同时实行兼业经营。畜禽饲养规模是：家庭农场平均每户的耕地面积在 200 公顷左右，养殖户一般养奶牛 100 头以上，养羊不低于 300 只，生猪出栏率 2000 多头，养鸡 25 万只以上。美国的农业补贴集中在小麦、大豆、玉米、大麦、棉花 5 种作物上，通常农业经营规模越大，得到的国家补贴越多。目前，美国的公司农场也在不断发展，1978 ~ 2002 年，公司农场从 5 万家增加到 7.4 万家，而家庭农场减少了 56 万家，公司农场占农场总数的比例从 2.22%上升到 3.47%。

欧盟的农业指令对英国和法国等欧盟国家的农地政策产生了重大影响。20 世纪 70 年代初期，欧盟第 72/159 号指令确立的享受补贴政策的企业标准，在一定程度上促进了农地的适度集中与规模化经营。此外，共同农业政策实行农民提前退休制度，对其给予补贴，使他们将土地转让给受扶持的大型农业企业措施，一方面促进了农业劳动力的移转，帮助实现农业从业人员的分流；另一方面为土地经营者的扩张提供可能。这为解决人地矛盾，实现土地规模经营，采用现代化农业生产技术，提高农地的生产效率创造了有利条件。

英国的土地产权制度，由土地所有权以及多种形式的土地保有权和各种其他土地权利构成。英国真正的土地权利是从所有权中分离出来的各种不同形式的土地保有权，可以进行各种形式的流转。英国在 20 世纪 30 年代对土地实行庄园税，规定不得随意毁租并限制地租额，使土地拥有者出租土地无利可图，而不得不将土地出卖给佃户，最终使英国自营农场比例不断增加，到 1977 年达到了 62%。此后，为发挥规模效益，诱导规模经营，英国政府制定鼓励农场向大型化、规模化发展的法令，1967 年修订的《农业法》规定：合并小农场政府提供所需费用的 50%，对愿意放弃经营的小农场主可以发给 2000 英镑以下补助金，或者每年发给不超过 275 英镑的终身年金。在政府鼓励、市场竞争、农业技术改进等因素的共同作用下，英国的土地流转得以顺利进行，小农场数量减少许多。

5.2.3 我国城镇化进程中农村土地承包经营权流转制约因素分析

5.2.3.1 我国农村土地物权制度设置及制约

当前我国农村土地制度不健全，土地所有权归属及行使制度不清晰，土地产权关系不够明确，使得农村土地流转不畅，农民的土地流转权益难以得到有效保障。

首先，集体土地所有权制度不够完善。我国集体土地所有权制度正处于发展变化之中，长期以来，法律对集体土地所有权的主体、性质与运行机制问题规定不够清晰。在实践中，集体土地所有权的代行主体往往被理解为真正主体，它们代行集体土地所有权的权利没有处在集体成员的有效监督与制约之下。在《物权法》颁布以前，集体成员对代行主体享有什么样的监督权利始终是不明确的。我国法律对集体土地所有权三级主体，即乡镇集体、村集体及村民小组集体所有的归属状况规定并不清晰。现实中，村民小组一级集体往往因缺乏有效的组织机构而难以有效运作，而村委会则因拥有合法社会自治权和经济管理职能，扩大性地行使集体土地所有权，造成对村民土地权益的侵犯。集体土地所有权主体的虚化和不清晰，往往会形成集体土地主体之间的多元权属执政，并会反射到农村土地承包经营权的权属上，造成土地承包经营权流转纠纷，推高土地承包经营权流转的机会成本与交易成本。

其次，我国农村土地承包经营权在政策定位及立法塑造的过程中，存在定位不清与制度不善的诸多问题。

5.2.3.2 农地流转市场（交易平台）与社会保障制度的不完善

农村土地流转已成为促进我国农村经济发展的一种普遍方法，我国农村土地流转市场逐渐走向成熟，市场化的土地流转机制及流转交易构建平台在不断发育和完善。我国很多地方仍没有建立起规范的农村土地流转市场与交易平台，这些地方的农村土地流转缺乏应有的透明性、公平性，交易成本高，交易范围大多局限于本村、本村民小组、亲友熟人的小圈子内，交易量少，纠纷多。虽然许多大城市和经济发达地区，已经建立了农村土地流转交易平台，但更多地方的农村土地交易平台仍旧处在筹备与初创阶段。有些交易平台缺乏必要的硬件与软件设施，很多乡镇的“土地流转服务中心”没有完善的流转管理制度和交易制度，未能建立有效的土地承包台账和流转台账，土地流转合同和有关资料档案管理不规范，所存放的土地流转档案存在资料不全和遗失问题，土地流转纠纷调解机构不健全。此外，农村普遍缺乏农村土地流转价格评估机制，农村土地流转的参考价格难以有效形成。

农村土地流转涉及土地使用权评估、流转合同签订等专业性较强的环节，需要交易服务机构及中介机构提供各种服务。我国农村土地流转的市场交易平台及中介组织虽有发展，但总体发展滞后。资产评估、委托代理、法律咨询、土地投资、土地融资、土地保险等各类中介服务组织相当匮乏。农村土地流转的中介组织数量少、发育迟缓，而且中介组织的内部制度不健全，组织运转的稳定性差。

与此同时，农村中介组织发展依托外部环境。政府对中介组织发展建设起到帮扶作用，中介组织自身的发展有效得到法律保障。在农村社会保障制度逐渐健全的情况下，农村土地具有一定的社会保障和就业功能。对于年轻的农民来说，可以选择外出打工，但是无法取得城市的社会保障与城市市民的完全待遇，难以彻底融入城市。受到农民自身因素与社会宏观环境的限制，农民一般只能在中青年时期外出打工，最终还要回归农村进行农业耕种。农民外出打工期间一般选择短期流转或者简单粗放经营农地，影响了农村土地流转的进一步发展。“由于我国二元社会结构的存在，农村劳动力不可以随着就业的非农转移而顺利实现人口城市化，大部分农村劳动力的非农就业转移不稳定，存在回村种地的预期，即使流转出土地，仍以随时收回土地为条件，一般选择亲朋好友作为流入方，以方便随时中断流转。”

5.2.3.3 既有二元社会结构对城乡融合的制约

自 20 世纪 80 年代以来，随着我国农村经济体制的发展和农业生产的季节性和弱质性，进城务工经商和外出打工成为许多农民的理性选择，从而形成我国经济社会发展中的一个特殊阶层——农民工。由于受传统的户籍为中心的城乡二元经济和社会体制的约束，农民工们在进入城市从事各种非农产业，实现地域转移和职业改变的同时，却不能顺利实现由“农民”向“市民”的社会身份转变。

城乡二元户籍制度导致了农民工在就业、教育、医疗、住房、子女入学等各方面都不能与城镇居民享有同等待遇，使得农村土地迫不得已负担了过多的现实生存保障职能，制约了土地承包经营权流转的进一步发展。“户籍制度人为地区别城乡居民的身份，形成市民和农民不同的社会待遇。把经济、社会发展带来的更多好处留给城市和市民，而农民和市民却享受不到政府给予城市和市民的许多好处，这种做法使城乡发展、城乡居民差距不断拉大。”在传统二元户籍制度下，我国农村非农就业劳动力缺乏身份移转的渠道，难以有效融入城市，人口的城镇化明显滞后于土地的城镇化。农民原本在农业中就业，缺乏非农就业的能力，难以稳定地实现非农就业；同时，由于城镇并未为农民工提供住房保障以及其他与户籍制度相联系的一系列保障。其结果是，农民工大多处在半城镇化的状态，成为游离于农村和城市、介于农民和市民之间的“夹心层”。未能充分融入城市的农民工一般将最终返回农村进行土地经营作为最后底线，一般会选择代耕、租赁、转包等短期的土地流转方式，而不打算进行农村土地的长期性流转。

5.2.3.4 金融等配套支持政策的欠缺

农村土地流转需要金融体系提供资金支持。农村土地流转后，经营规模的扩大离不开资本的介入、金融的支持。但是受制于我国农村金融体系现状及农民自身抵押物有限等的限制，农村金融体系难以给农村土地流转提供有效的金融支持。市场化运作的结果，使得资金难以向农村流动，资本在市场化运作过程中，不断向比较边际高的第二、第三产业密集的城市及相关地区流动，甚至形成农村金融机构不断从农村吸取资金的态势。四大国有商业银行股改后撤并了部分县以下的金融机构，邮政储蓄机构普遍存在“只存不贷”的局面，成为农村资金的抽水机。“但从多年来社会信贷余额上看，农村地区农业及第二、第三产业获得的信贷约占全社会贷款总量的10%，金融支持明显不足。

2006年，经济社会部对16个省2749个村庄的农户调查也显示，农民贷款难的问题远未缓解。过去10年间，国有商业银行从农村地区撤并3万多家机构网点，现在基本都是在县及县级以上地区经营。规范的金融体系失效及金融资本撤出农村的结果导致了农村资本的稀缺，民间高利贷的出现填补农村金融缺失空间的同时，也增加了农民资金的借入成本与流转土地进行经营的风险，抑制农民对资本的内生需求。应“允许农民把土地承包经营权作为抵押，使土地原来的保障属性向资源属性和资本属性转化，真正成为农民的创业资本，极大地提高农村土地的价值，提高农村经济发展能力，促进社会和谐。”

5.3 新时代农村土地制度改革

要想更好地建设农村，更好地发展农村，为农民增收收益，农村土地制度改革必不可少，土地制度改革的推行效果是通过农民土地收益体现出来的。同时，制度的变革也改变了农民土地收益的格局。

5.3.1 土地制度改革与农民土地利益的内在逻辑

5.3.1.1 土地制度改革是破解“三农”问题的根本

改革开放40年来，我国对于“三农”问题越来越重视，要想解决它，需要从根本上改变农村土地现行的一些问题。农村的发展问题影响农民以及农业的发展，这些都是以土地为基础。土地是农村的基本问题，是促进农业发展的重要一环，解决土地问题才能保证改善农民生活条件。在农村中，土地可以说是唯一产生价值的资源。

要解决农村土地问题，实际上就是解决农民的利益问题。从历史的发展来看，土地资源产生的利益只有很少一部分掌握在农民自己手中，尤其在现行的土地集体所有制情况下。这也是由农村土地资源所有权越来越模糊导致的。同时土地经营权的模糊也减少了农民的生产热情，降低了土地资源的收益。土地流转模式的不完善使得农村的土地大量被荒废，资源大量被浪费。所以要想从根本上解决这些问题，首先应该从“三农”问题入手，进行土地制度的深化改革。

5.3.1.2 土地制度改革是统筹城乡发展的保障

为了从根本上解决“三农”问题，我国在城乡发展统筹过程中发布了许多政策，也投入很多资金以及资源。但是由于对土地资源改革考虑不全面，导致一些效果没有达成。国家发布的各种政策效果不显著，城乡差距也越来越大。要想提高农村的发展速度，保证城乡统筹发展的顺利进行，就要抓住农村的根本问题，考虑农民最关心的问题，如今最明显的问题就是农村土地制度产生的问题。所以在改革过程中，要认真确定土地的所有权问题，切实保证农民的利益不受损害，提高农民的积极性，从而保证农村的经济能够快速稳步地前进与发展。

5.3.1.3 土地制度改革是社会主义市场经济的要求

在现行的土地制度条件下，土地大多数为家庭承包的小范围土地。这种情况导致土地资源的流动性差，也就限制了资源的利用和发展。要想提高土地资源的流动性，在土地制度改革中就要注重产权的分配，这也是为什么国家越来越重视对农村土地进行深入改革的一项重要原因。随着社会的稳步发展，农村的社会化程度越来越高，这就要求在土地流转过程中要保证配置最优。但是，我国现在的农村土地制度并不能最大效益地促进农村的发展，甚至有些方面还阻碍了农村的发展。因此在改革过程中，对于土地产权的所属问题要进行明确划分，以此增加农民的工作积极性，以及提高农村土地的流动能力，保证农民从土地中获得的效益持续增收，保证农民的利益与权益。这是农民、农村共同的希望，也是我国农村土地改革的最终目标。

5.3.2 土地制度缺陷损害了农民的土地权益

5.3.2.1 农村土地所有权主体虚拟化

在我国法律制度中规定的农村土地资源所有权的主体共有三类：村农民集体所有权、农村内部集体组织所有权、乡（镇）农民集体所有权。从 20 世纪 50 年代开始，在人民公社制度中开始实行农村土地集体所有制。在 20 世纪 80 年代有极少数农村仍然实行集体经济组织，其他地区均是将土地资源以及一些生产资料合理地分配给公社成员，由农民、农户承包，自主经营。人们已经很难找到集体经济影子。我国现行的法律保护的主体仍是集体经济组织，这是需要从根本上解决的问题。在如今的土地制度下，农民并不是土地产权的直接拥有者，而是对土地持有经营权、使用权。这种规定限制了农民作为一个个体对土地进行支配，减少了农民获得权益和利益的机会。在农村土地集体所有制下，农村的土地资源还是归集体以及政府所有。因此，在土地的征用过程中，农民并不能获得全部的土地补偿，而且在补偿过程中的话语权最低。但从农民的角度来说，土地被征用则代表他们失去了全部的生活保证。而且这种情况也会导致一种现象的发生，那就是集体土地的所有者或代表更加希望土地被征用或者征收，这与我国确立土地制度的初衷恰恰相反。

5.3.2.2 农村土地征用制度缺陷

随着社会的发展，城镇化速度的加快，农民土地资源流转加速或被大量征用是必须经过的一个过程。在此过程中，建立健全我们国家的土地征用制度：（1）适当调整土地所有者也就是农民的补偿收益，国家在征用土地时，重视土地对于农民的重要性，通过多种形式对当地土地资源的标准进行补偿；（2）在我国现行的征地制度下，农村存在着土地资源浪费的现象，这是对于土地产权不能明确地进行界定和划分，因此，在征地过程中，提高农民土地流转补偿收益，避免出现政府在征地过程中付出的代价少，荒废的土地占用就越高的现象；（3）农民利益的损害会影响社会的稳定性，有些地方政府利用征地流转契机，以创建开发区域等理由强行占用农民的土地，同时对农民的补偿却达不到相应的标准，这就导致了社会产生不稳定的因素。

政府在对农村用地进行补偿时，其补偿标准并没有考虑农村土地资源的稀缺程度。导致农村用地配置发挥不了最大的效果。而且由于补偿费用过低，使得卖出的价格与土地拆迁补偿的价格之间存在巨大差距，引发土地主体之间的矛盾，导致了他们对资源抢夺激烈，影响了农民获得应有的利益，使得分配得不到公平对待。而且，各级政府对于土地资源既有管理者的身份，又有使用的权利，双重的权利导致有些地方政府利用自己的职权滥用土地，为自身谋求利益。因此，这些不完善使得农民得不到应有的利益，导致国家利益的损失。

5.3.2.3 土地承包经营权缺陷

承包制界定的是物权而非债权，作为物权，应尊重农民拥有的权利不受侵犯，包括占有权、收益权以及转让权、抵押权、入股权等处置权，我国法律也做出了相关的规定。农民在承担土地自身成本的同时，还要承担一些政府机构的相关费用，这打击了农民的生产积极性，使农民不得不放弃土地耕种。而且现在推行的“稳定土地承包关系”的立法原则和政策要求，与“变更土地承包关系”现实需求之间产生了冲突，构成当前农村土地承包制中的主要矛盾，两者之间的博弈决定着未来农村土地制度及其利益格局重构的基本方向。

《农村土地承包法》明确规定“承包期内，发包方不得收回承包土地”“不得调整承包地”。实行“增人不增地，减人不减地”政策，旨在纠正和克服农村土地频繁调整给农民及其家庭带来的利益损失等问题。但实际情况是，农民在面对土地关系的时候，并不能果断地进行选择，因为农民既希望土地调整，同时又希望能够保证自己的土地承包权。尤其是面临着家庭人口增加时，这就要求对于个人的土地要相应增加，但是增加的同时又要面临相应的压力。这些迷茫和压力都体现了现在推行的土地承包制度，有着自身缺点和需要完善的地方。

5.3.3 推进土地制度改革维护农民土地权益

5.3.3.1 改革农村土地所有权制度

现如今应推行废除土地集体所有制，用土地国有制代替。也就是所说，将土地二元所有制度改革为一元所有制度。因为当土地的所有权归国家以后，国家可以通过发布相关的法律法规，直接将土地的使用权授予给农户，使得农户在经营使用土地的时候受到国家的法律保护。这样既不会被当地政府干预，也不会被村委会非法占用，可以保证农民的合法权利，而且农户的权益也受到了法律法规的保护。

当农民有改变土地用途的需求时，需要提前向有关部分报批，当农民在土地流转过程中的手续以及程序不合法、不合理时，相关部门就可以依照相关法规进行干涉和引导。而且土地所有权归国家以后，当国家再次向农民授予土地所有权时，国家与农民之间就不会产生任何资金往来，当国家要对相应的土地进行占有。例如，增加道路交通等一些公共设施的时候，国家可以直接对土地进行收回，然后根据土地交易市场的价格，直接对农户进行资金补偿。由于土地所有权归国家所有，就能减少一些非法机构组织的兼并和垄断，防止部分非法人员以及集团为谋求个人利益而非法占用土地。而且，国家对土地资源的信息也能够及时掌控，防止一些地方政府以及村委会利用自己的职权隐瞒土地信息，相关部门及政府对土地将没有分配处置的权利，他们只能对农民在使用土地过程中进行监督。由于地方政府及村委会等相关组织对土地不再有处置、分割权，也可以保证农民能够获得自己相应的利益。

5.3.3.2 建立和完善农村土流转制度

土地流转过程中，一定要对农民的主体地位进行明确，鼓励农民在土地流转时选择不同的流转方式。这里提到的流转方式主要有以下几种：（1）如果土地是在长久承包的情况下，农户成员之间可以在内部进行流转，也就是说农户可以继承土地的所有权。（2）如果农户认为自己没有能力或者没有条件经营土地，农户可以将土地所有权转给其他农户。（3）农民可以以股东的身份经营土地，也就是说将土地作为一种股份进行投资经营，以此进行经营，获得利润。

当政府需要征用农民的土地资源时，首先需要政府出面与农户协商，协商出双方认可的补偿价格，然后依照相关的法律法规、相关的程序办理流转手续。在这个过程中要注意：（1）土地流转要对双方的权益和义务进行明确划分。（2）在价格上要有科学合理的估算方式，不以个人或者集体的意识确定价格。（3）土地流转要公开化，要在相应的机构中进行，不私下处理，以此确保农户的利益得到保护。

5.3.3.3 完善农村土地征收制度

当政府需要征用土地的时候，对于农民的赔偿标准需要多方面进行考虑。不仅要结合现实生活汇总土地的实际用途，也要考虑农民在转让土地后所损失的收益，比如土地征用年薪制，就是将土地进行多方面的考察分析；从类别上、期限上等不同方面对补偿金额进行确定，使农民让出所有权之后，依旧能够从土地中获得应得的利益。同时对于转出土地所有权的农户，也要颁布相应的安置举措，解决农民的生活保障问题。比如对于让出土地所有权的农民，政府可以对他们进行相关的培训和辅导，帮助他们尽早就业，或者为他们建立相关的社会福利制度，保证他们的权益。

5.3.3.4 健全农村土地承包经营权

要提高农民对于土地资源的权利意识。国家在颁布相关的法律法规时，要详细解释农户所享有的权利，使得农户知道自己对于土地除了有经营处置和收益的权利之外，还可以对土地拥有占有权。换句话说，土地所有权在农户手中时，土地完全归农户所有，国家只有在对土地有需求时才有收回土地所有权的权利。土地使用权期限的长短也是考验相关政策是否合理有效的一个重要决定因素，所以要明确土地的承包期限，并适当延长，甚至在一定期限以后将土地的承包期限定义为永久。只有这种政策才能使农民对土地有拥有意识，从而提高农民的生产积极性。

现如今，我国农村土地资源主要有两大问题：（1）土地资源的利用和有效保护。（2）集体性建设用地市场化发展。第一项影响我国粮食产量的高低、农民收入的多少。第二项则是进一步推动城镇一体化，促进经济发展、社会秩序稳定。

5.3.4 对我国农村土地经营制度的反思

5.3.4.1 对农村土地经营制度形成与进一步发展的路径依赖

在推行农村土地制度改革的过程中，一定要考虑我国的实际国情。因为农村土地制度的改革以及日后的发展方向，对农村的生产关系有着很大影响。提前做好相应考虑，可以减少必要的损失，使得形成的制度更加有可操作性。因此，在推行制度改革的时候要时刻把控以下问题：一是我国是一个社会主义国家，应注重过程的公平性，因此在制定相应的土地制度时，一定要考虑公平、共有、共享。改革开放以来，虽然思想观念转变，但稳中推进才是最好的方式。二是我国经济制度的基本格局。农村制度是我国社会主义制度中的一部分。土地改革结果的好坏与否会影响我国经济的发展。因此，土地改革的确立不应该与我国的基本制度产生矛盾。土地改革首先应该保证土地的公有制。三是由于我国的发展历史决定了我国的农民会有一定的思想封闭、群体宗族性，这也导致了我国农民的思维方式转变较慢，更多的是看重眼前的利益收获。所以在进行农村土地制度改革的过程中，要充分考虑农民的这种实际情况，抓住他们的行为特点、思维模式，由此判断制度改革的可实施性。四是资源的缺失。我国是一个人口大国，人多地少是我国人口和土地关系的基本特征。因此，我国农民的经济水平和农村的社会福利保障制度冲突，这也使得农民从土地中获得生活保障的这种现象，在短期内是不会改变。

5.3.4.2 对现行农村土地经营制度的反思——效率逐渐下降

我国现在推行的家庭土地承包制度，是对土地的使用权和承包权进行分离，使得在农民对土地拥有自主权利的同时，又保证了土地资源的公有制，而且，这种制度考虑了在土地使用过程中，土地使用权主体和承包权主体的目标相同的特点，保证了经营过程的稳定公平，将土地的社会功能和经济功能有机地结合在一起。这种制度也按照按劳分配的原则和按要素分配的原则对土地进行合理分配。根据林毅夫估算，在 1978 ~ 1984 年，我国农业总产值按照同一个价格标准计算，增长了 42.2%，其中家庭土地承包制占了 46.89%。但是，制度并不能适应所有的社会需求以及社会发展，当一个制度运行一段时间之后，它所发挥的效应会逐渐减少，当社会发展到一定程度之后，旧的制度将不会发挥效益。家庭承包制主要是为了解决农民的温饱问题，但现在我们是为了实现“小康”社会。在这种要求下，家庭承包制度的缺陷就凸显出来了。

5.3.4.3 对现行农地产权的反思——农户产权意识日益强化

因为中国特有的历史特征，导致我国的农民对于自己资源的占有具有依附性以及唯一性的特点，所以他们在争取土地利益的时候并没有强烈的反抗意识，更多的是服从、遵从。导致了他们错失了许多为自己争取利益的机会。但是，随着家庭承包制度的推行，农民对于生产资料的占有意识越来越强，而且农民对于土地拥有了经营权，也占有了一部分的收益权。随着时间的推行，农民开始意识到这些权利带给自己的好处，以及明白了自己对于这些权利的拥有性。在农民土地承包期限延长后，社会对于土地制度的关注程度也越来越高，在这种情况下，农民对于土地产权的意识也会越来越强烈。

5.3.4.4 对现行农村土地经营权的反思——刚性逐渐加大

家庭承包制，从名字上就可以看出，这是以家庭为单位进行户与户之间的分开经营，虽然家庭承包制度没有对人民公社等集体组织进行否定，但是它也是对于集体所有制的一个打击。在大部分的农村，集体组织在土地资源中所起到的作用在逐渐降低，它仅仅是名义上的所有权者。而且由于国家、集体和农户之间对于土地的使用权平均分配，使得集体组织对于土地的处理权也在逐渐降低，甚至慢慢缺失。另外，经过长时间以来农户对土地权利的争取，使得农户对土地的权利越来越大，这也从另一方面推动了农村土地权利制度的发布与实施。国家对于家庭承包制度一直是采用稳定鼓励态度，所以农户对土地的使用权越来越合理化，越来越刚性化。

5.3.5 我国农村土地经营制度的完善

5.3.5.1 农村土地经营制度重构的主体

农村土地经营制度实行重组制，对原有旧制度展开创新机制，这涉及原有旧制度的调整和所涉及的主体关系的颠覆。对农村土地进行重新改革需要对现行制度进行详细分析，并了解目前制度的利弊得失，立足于现阶段的主体经验和基础，才能更好地展开改革重组的新制度。

我国属于农业大国，农业在国家经济中占有重要的地位，发挥着重要作用。国家有效履行国有土地的管理权，对于土地的管理需要立足我国基本国情，符合国家农民耕种方式，在原有基础上实现创新，在原有耕作方式上，进一步引进高新技术提高农业生产率。国家土地制度创新中，农民作为改革主体具有决定性作用。我国目前土地使用种植技术主要以农民为主，但是农户相对分布分散，规模小，没有系统化的技术，经营理念和种植技术封闭落后，无法即时对接新技术，对种植规模没有系统的规划，难以满足市场要求。现行土地经营制度有待创新改革，但是原有经营制度实行时间较长，涉及范围较广，难以短时间内进行突破性改革，而且现行土地制度相对比较符合我国国情，也是被农民所接受的制度。对于土地经营制的改革，首先要从农民的角度出发，站在农民的立场，使农民的收益最大化，这样才能调动农民的生产积极性。现行的土地种植依旧以农民为主体，政府需要发动主体的积极性和主动性，不能被动地实行政策强制改革，因为容易引起人们的抵触心理。可以在原有基础上适当融入创新理念，逐步提高人们种植的创新性。

5.3.5.2 农村土地经营制度完善的原则

我国土地国情为农民散户种植偏多，没有完全实行机械化和科技化，由于土地分散化导致现代化农场技术无法正式实行。土地无法达到最优利用率和价值性，难以达到“帕累托最优”原则。我国土地制度还有很大改革创新空间，目前存在的劣势同样是我们的进步的优势。土地改革是为了创造农民利益最大化，但前提是不能忽视农民的主体性，因为最终创新改革的实行者是土地所有者，也就是我国主体种植户们。如果种植户们无法接受土地改革创新，那理论无法付诸实践，所有的改革都是纸上谈兵。

在多年来的土地制度中，农民把土地看得很重要，这是他们生存的根基。农民有土地使用权，这是我们研究创新的根基。要以农民的利益作为出发点，才能最大限度地调动农民的积极性，让农民保留对土地的使用权和决定权，在原有种植模式下接受改革与创新。应在保证农民权益的基础上，首先从土地经营方式上进行新的土地合作模式，保留农民对土地处置权的同时将土地收益最大化，提升农民的土地利用率，达到农民增收增值的目标。土地创新改革的目标和初衷就是提高土地利用率、使农民增收，这和农民的目标是一致的。所以，只要合理地进行土地改革，是完全可以被接受并成功实行的。

在土地经营上可以适当引进合作制，进行适合当地和个人的土地租赁、承包、联营，参股等新型经营模式，将原有分散的土地经营逐步发展为现代化大中规模农场式，引进先进的机械化技术，在种植规模和农作物比例上引进市场最新的分析技术，做到种植最优化、利益最大化。

土地制度改革可在一定程度上为农民规避风险，使国家可利用有效的土地资源获得最大价值。我国是一个农业大国，同时是一个人口大国，在我国民生问题中，首先关注的是民众的温饱问题。随着种植技术以及土地利用率的提升，我国逐渐从温饱向小康社会发展，这都离不开我国土地种植的功劳。我国土地改革还需要进一步创新发展。随着国民素质地不断提升，农民的文化水平必将不断上升，通过互联网开拓自己的眼界，新的土地合作方式越来越多样化，越来越容易被大家接受。

5.3.5.3 农村土地经营制度完善的目标

我国土地制度的重大突破在于实行家庭联产承包责任制，从土地产权集体化变为产权责任化，分工更加明确，工作分工到家庭，具体到个人。家庭联产承包责任制在本质上改变了农民的观点，激发了农民的积极性。

在种植过程中，农民自发地学习种植技术，不断改进种植方式，农民多年的努力才达到目前的种植成果。我国为了提高土地使用效率，不断推广种植技术，在政策上引导农民土地使用率提高种植效率，有效为农民规避风险。随着现代社会的发展和经济型市场的需要，农民的种植已经不仅仅停留在解决温饱的目标上，而是实现最大效益。为了达到土地使用的最大化，首先需要农民突破原来的土地产权意识，我国土地改革需要打破农民的分散性和土地私人化方式。土地改革要削弱私人化意识并不是否定农民对于土地的所有权和决定权，而是大家在一定基础上可以接受土地统一化，既保持土地的个人决定权，又能最大化地实行土地统一管理、统一种植制度。

现行社会的劳动力集中在城市，经济发展是农村向城镇化发展。随着生活发展，新一代年轻人的文化素质提升，新一代的农村人集中在城镇发展，虽然农民依旧保留土地使用权，但是缺乏家庭劳动力，故而出现了土地承包流转方式，不经营土地的农民以一定的经济效益作为回报，将土地转包给其他人经营种植。初期的土地经营流转只限制在少部分人群之中，只局限于个人之间的流转。随着社会的经济发展以及农业机械化的进步，土地流转方式越来越具规模化、系统化，这需要建立健全的土地法律环境，国家需要出台引导性的政策，有效地引导人们转变土地使用思想。在土地制度改革中，不仅需要国家政策性引导，很重要的主体在于农民的积极响应。农民需要自我突破土地使用模式，故步自封，只能在原有基础上原地踏步，无法达到经济效益的提升。

在国家经济形势的快速发展之下，如果不跟上时代的进步，即使国家大力引导，农民也很难实现自我经济水平的提升。农民需要自发地接受新的创新和新的变革，符合经济型市场的要求，不断提升自己的眼界和格局，主动提出新的改革方式并实施。在现有土地改革过程中，农民需要发挥监督的作用，在新的变革形式下维护自身和国家的权益，建立健全土地改革模式，使土地经营的创新更加系统化。

6

基于城乡一体化发展视域的农村土地制度研究

2013年11月党的十八届三中全会指出，必须坚持和完善好最严格的耕地保护制度，稳定并且长期保持农村土地承包制度不变。在发展农业产业化经营中允许农民以自己的承包经营权入股，确保农民对承包地依法拥有使用权、占有权、流转权、收益权、经营权、抵押权和担保权。根据“鼓励承包经营权在公开市场上向专业大户、家庭农场、农民合作社、农业企业流转，发展多种形式规模经营”的精神，中共中央国务院于2014年19日发布了《关于全面深化农村改革加快推进农业现代化的若干意见》（2014年中央1号文件），其中提出：“在落实农村土地集体所有权的基础上，稳定农户承包权、放活土地经营权，允许承包土地的经营权向金融机构抵押融资。有关部门要抓紧研究提出规范的实施办法，建立配套的抵押资产处置机制，推动修订相关法律法规。”农村土地承包“三权分置”，即实行所有权、承包权、经营权之间互相分离，标志着我国农村土地制度发展和土地产权法治建设全面铺开，必将进一步解放农村生产力，促进农业大发展。运用法律手段将农村土地承包权主体与经营权主体分离，不仅可以调整和优化生产力与生产关系之间的关系，而且能够切实保障农民的合法权益。

6.1 推进农村土地承包与经营分置的立法保障研究

6.1.1 推进农村土地承包与经营分配的现实状况及社会需求

20世纪70年代末期，我国根据当时的生产力发展水平和农业生产现状，结合广大农民的愿望，在农村大力推行集体土地家庭承包制度，不仅充分调动了农民从事农业生产的主动性和积极性，使农民的收入得到大幅度增加，基本解决了农民的温饱问题，而且打破了城乡二元结构的固有格局，推动了新农村建设的快速发展，打开了城乡一体化发展的突破口，农村经济日益繁荣昌盛。随着工业经济的异军突起和城市建设的日新月异，有一大批青壮年农民为了进一步改善自己的生活条件，不愿意继续在农村继续从事农业生产，纷纷奔向全国大中型城市从事城市建设和工业发展工作，全国迅速掀起了打工热潮。老弱病残的农民成为农村的主要劳动力，农户成了空巢家庭，直接导致家庭式的土地承包经营权丧失活力，不能焕发原来的生机与功效，闲置荒芜的大好耕地随处可见。

面对我国农村土地承包经营权产生的巨大变化，必须千方百计研究应对措施，认真加以彻底解决。目前，随着社会的进步和经济的发展，离开土地的农民越来越多，这些农民虽然对自己承包的土地还有经营权，但是已经长时间不在承包地上从事生产经营行动；还有一部分农民年龄较大，身体条件不再允许从事农业生产。这些农民在思想上不愿意把自己所承包的土地经营权有偿转让别人。即使用家庭承包的方式把承包经营权从所有权中分离出来，仍然远远不能满足现代农业规模化、集约化、专业化发展的要求，必须建立健全土地经营权流转和交易制度，才能进一步推动现代农业的快速发展。

总的来看，当初土地承包经营权制度虽然是一次比较成功的土地制度完善，有效促进了农村生产力高速发展，但是已经不能满足当前的形势需要。农村土地承包经营权结构的第一次分置，可以说在一定程度上解决了农业生产效率问题，但是不能简化优化农村土地资源优化配置。因此，为了充分调动农民的积极性，促进农村生产力的大发展，增加农民收入，改善农民的生活质量，必须将农村土地承包经营权从所有权中分离出来。

6.1.2 推进农村土地承包与经营分置的城乡一体化发展的法理基础及其现实意义

从土地承包经营权的概念可以看出，土地承包经营权既包括承包权，又包括经营权。要将两者分置，唯一切实可行的办法就是流转土地。但是，推行土地流转制度必须首先让农民依法取得土地承包权，之后才能真正获得自己承包土地的经营权，这是保证农民取得土地经营权的法律前提和基础。如果没有合法的土地承包权，任何时候都不能取得土地经营权。农户采取出租、转租等方式流转承包土地的经营权，流转的只是土地的经营权，对于农民本人和村集体的土地承包关系没有任何影响，这里所说的农户依法享有的土地承包权，指的是一个农民或者多个农民拥有的土地承包权的总和，由多个农民土地承包权加在一起构成的农户土地承包权，实际上是“按户承包，人人有份”。即农户享有的土地承包权包含农民自已享有的土地承包权，两者之间存在着包含与被包含的关系。

说到农村集体土地流转，必须弄懂什么是“三权分置”。“三权分置”中的“三权”分别指的农村集体土地所有权、承包权和经营权。“三权分置”就是在坚持现有的农村土地集体所有权制度不动摇，通过制定相应的政策措施，把农户所承包土地的承包权和经营者的实际经营权分开。党的十八届三中全会《中共中央关于全面深化改革若干重大问题的决定》强调，“赋予农民对承包地占有、使用、收益、流转及承包经营权抵押、担保权能，允许农民以承包经营权入股发展农业产业化经营”。落实这一要求，需要明确流转、抵押、担保、入股的客体究竟是承包经营权、承包权还是经营权。为此，2014年中央1号文件进一步明确指出，“在落实农村土地集体所有权的基础上，稳定农户承包权，放活土地经营权，允许承包土地的经营权向金融机构抵押融资”。调整农村生产关系，促进农村生产力的发展，必须在保障农民合法权益的基础上，分别将承包人和经营者分开，各自享受自己的合法利益。

按照“三权分置”的政策规定，把土地承包经营权进一步细化，具体划分为承包权和经营权，推行农村集体土地所有权、承包权、经营权互相独立，标志着我国农村土地制度发展和产权法治建设已经全面拉开序幕，必将再一次推动农村生产力的大发展。从实际情况看，我国很多年以前就出现了农村集体土地承包权和经营权相分离的趋势，经过多年的自行发展，范围不断扩大。据调查，目前我国农村集体土地的流转面积已经远远超过了农户承包地总面积的25%以上。

虽然，我国农村土地流转早有迹象，但是还没有一套完整的规章制度来约束土地流转的有序开展，农民在农村集体土地上拥有的所有权还不能明确界定到底属于承包权范围，还是属于经营权范围。党的十八届三中全会明确要求，各级党组织必须要加快“三权分置”工作进度，加大对现代农业的扶持力度，千方百计给予农民更多的经济利益，坚持农村集体土地归全体农民所有这种制度，进一步明确农民对集体土地的承包权，千方百计保护好经营者依法享有的土地经营权。

截至目前，我国农村集体土地的承包权和经营权仍然是一个不可分割的主体，在农村集体土地承包权上坚持人人平等，必须确保每个农民都拥有平等的权利。过去，我国禁止农村集体土地流转，农民轻易不敢把自己的承包地出租给别人使用，怕失去承包权。如果对承包权和经营权在法律和政策上做出具体规定，允许将承包权和经营权分离，就能够彻底打消农民的后顾之忧，将自己的承包地出租给他人使用后有保障，在自己需要时还可以随时拿回来。农村集体土地实行承包权和经营权分离后，原来的承包人一如既往地拥有长期稳定的承包权，在转让经营时可以获取一定的经济利益，完全能够满足基本的生活需求。对于土地经营者来说，可以把自己依法取得的经营权作为抵押的标的物，抵押给金融机构或者其他的债权人，但是这并不会对承包人造成任何影响。

经营者如果丧失偿还债务能力，任何单位和个人都无法取代原来的承包人，享有原承包人的土地承包权，只能取得抵押承包土地的经营权，通过自己种植农产品或者再转租他人来获取经济利益,用这部分收入来偿还他人所欠自己的债务。由此可见，在农村集体土地流转中，农户转让的只是经营权，承包权始终牢牢掌握在农户手中，经营者获取的只是可以用来抵押或者担保的经营权。同时，经营权具有独立性，可以在更大的范围内流转，从而为经营者高效合理地利用土地资源创造了有利条件。家庭农场、种植大户、农民专业合作社及农业企业取得经营权后，能够采取先进技术手段来提高土地的利用价值，带动农业现代化的快速发展，农民也能够从中获取更大的经济利益。

6.1.3 推进农村土地承包权与经营权分置的法律保障制度的建立

2013 年 7 月 22 日，习近平总书记在湖北调研时强调，“深化农村改革。完善农村基本经营制度，要好好研究农村土地所有权、承包权、经营权三者之间的关系，土地流转要尊重农民意愿，保障基本农田和粮食安全，要有利于增加农民收入。”各级党委和政府必须认真贯彻落实习近平总书记的重要指示精神，研究制定有关法律法规和政策规定，加快农村土地承包权与经营权分置工作进程。

从目前实际情况看，通过修改宪法修正案、物权法、农村土地承包法等法律，依法推进农村土地承包权与经营权分置工作的顺利开展的社会呼声非常强烈。当务之急是如何科学做好顶层设计，根据实际情况对这些法律进行修改，做到有法可依。但是，通过修改有关法律建立健全经营权和承包经营权分离的各项制度，必须充分考虑如何把土地所有权、经营权、收益权和处分权公平合理地分配给土地承包人和实际经营者，既要保障承包人的合法利益，又不能损害经营者的权益。

在修改相关法律和研究制定具体的政策时，必须考虑好以下四方面问题：一是经营期限问题，要加大宣传力度，制定奖励办法，鼓励承包人和经营者在签订土地流转合同时尽量延长合同期限，使经营者能够立足长远，更加准确地对未来的经济效益进行预测，从而增强经营者的信心和决心，加大农田基础设施投入；二是经营权问题，要制定具体的政策措施，支持经营者开发整理零散细小的耕地，为大规模机械化生产创造有利条件；三是在收益权问题，有条件的地方要加大扶持力度，根据实际情况适当补贴土地流转费用，发展农业直接补贴的办法，逐步向实际务农者或经营者给予补贴；四是处分权问题，要允许经营者依法抵押土地经营权，从而为其拓宽融资渠道。

目前，从各地推行农村土地承包权和经营权分离取得的成功经验看，“确权确利不确地”是一种较好方式。所谓“确权”，就是确定哪些人是本村的村民，能够享受本村村民待遇，只有享受本村村民待遇的人才有权按比例拥有集体土地承包权；“确利”，就是每年根据每户的承包权份额，确定承包人怎么参与流转本村的集体土地使用权，如何分配土地流转产生经济效益；确定每户承包的具体地块，以便为土地经营权分置和流转创造条件。借鉴这种方法，国家要在“三权分置”工作上组织立法，既要保护好农户的土地承包权，维护他们的合法权益，又要真正放开土地的经营权，让经营者有利可图。

工作中，必须坚持以下四项基本原则推动土地流转工作的顺利开展，为建立健全各项制度提供法律保障。

第一，必须坚持农村土地集体所有制不动摇。无论哪个村，农民要在本村取得土地承包权，必须坚持农村土地归全体村民所有这种制度，这是建立健全农村集体土地流转各项政策和规章制度的首要前提，更是不可逾越的一道红线，否则在具体的工作中就会失去正确的方向。我们推行农村集体土地流转制度，主要目的也是为了充分发挥农村土地集体所有制的优越性，发展农村生产力。如果不坚持农村土地集体所有，那么土地承包经营就会变质，从而失去根基，走向错误的发展方向。

第二，必须坚持土地承包权不动摇。农民作为本村的集体土地承包人，是土地承包权的唯一合法主体，因此本村的集体土地必须由本村的村民承包，其他任何单位和个人都没有承包资格。即使私下与村委会达成土地承包协议，也不会受到法律保护。取得土地承包权的农民，既可以自己经营自己承包的土地，也可以把自己承包的土地经营权转让给他人，由其他人负责经营。种植大户、小型农场主、各类专业的合作社和企业在征得农民同意后，本着平等、自愿、依法、有偿的原则与农民签订经营协议，也可以取得合法的土地经营权。

第三，必须坚持现有的承包关系不动摇。有人错误地认为，目前开展的农村集体土地制度完善，主要体现在“土改”上，目的就是推翻现有的土地承包关系，让农民彻底丧失土地。事实证明，通过土地流转，不仅没有损害农民的切身利益，而且进一步完善了这种农村土地承包制度，保护了农民的切身利益，保障了农村的社会稳定，促进了农村经济的发展。

第四，必须坚持保障农民收益最大化不动摇。深化农村集体土地制度的健全，必须切实站在农民的立场，维护好农民的利益，这是做好农村工作的前提和基础。制定法律和具体的政策措施，实行承包权与经营权分置，必须保护好农民享有的土地承包权，维护好实际经营者的土地经营权，为集体土地如何承包、如何分配收益、如何按程序流转以及怎么抵押土地经营权、怎么用土地经营权进行担保提供法律保障，从而进一步稳定民心，切实增加农民的收入，提高农民的生活质量，让农民切身体会到发展完善的成果。

6.2 建立城乡统一建设用地市场研究

6.2.1 研究现状和研究意义

6.2.1.1 研究现状

目前，有关“建立城乡统一的建设用地市场”的论文比较多，通过 CNKI（中国知网）检索有 157 篇，其中有名的文章是 2014 年 1 月 6 日《南方日报》发表的由华南师范大学“三农”与城镇化研究所所长胡靖教授撰写的《建立城乡统一的建设用地市场》，提出党的十八届三中全会关于“建立城乡统一的建设用地市场”政策的直接目的，是为了将土地溢价的收益归还给农村和农民，以彻底解决目前各地在“土地财政”执行过程中农民利益过多受损的问题，并提出研究总结重庆的“地票”经验，有利于城乡统一建设用地市场的建立。发表在《中国国土资源报》2013年11月22日的关于《建立城乡统一的建设用地市场》的文章，提出了深化农村土地制度完善的方向、重点和要求，概括起来主要有三个方面：一是要扩大土地权能；二是征地制度的完善是关键；三是城乡统一是方向。建立城乡统一的建设用地市场的基本要求，是统筹城镇建设用地与农村集体建设用地和宅基地，统筹增量建设用地与存量建设用地，实行统一规划，遵循统一规则，建设统一平台，强化统一管理，形成统一、开放、竞争、有序地建设用地市场体系。

2016年发表的两篇文章：一是由蒲玲媛、胡传景撰写的《缩小征地范围合理分配收益——关于建立城乡统一的建设用地市场的构想》，发表在《国土资源》2016年第1期上；二是王欢、杨学成的《关于建立城乡统一建设用地市场的风险评估》，发表在《经济与管理》2016年第1期上，还有一些硕士论文，如郑州大学贾晶晶2012年的硕士论文《中国城乡统一建设用地市场构建研究》以及西南大学彭凌2011年的硕士论文《城乡统一的建设用地市场研究——以重庆市为例》，都比较深入地研究了我国建设用地市场现状、存在问题以及国内外建设用地市场可供借鉴的经验，并提出了“确权”是构建城乡统一建设用地市场的基础工作；成立和健全土地评估机构是市场统一的保障；土地所有权与使用权的分离使用，设计出合理的建设用地使用权市场交易指标，将加快统一建设用地市场构建的进程等。

6.2.1.2 研究意义

（1）研究建立城乡统一建设用地市场是贯彻落实党的十八届三中全会《中共中央关于全面深化改革若干重大问题的决定》“要建立城乡统一的建设用地市场，促进城乡一体化发展”精神的需要。“建立城乡统一的建设用地市场。在符合规划和用途管制前提下，允许农村集体经营性建设用地出让、租赁、入股，实行与国有土地同等入市、同权同价。缩小征地范围，规范征地程序，完善对被征地农民合理、规范、多元保障机制。扩大国有土地有偿使用范围，减少非公益性用地划拨。建立兼顾国家、集体、个人的土地增值收益分配机制，合理提高个人收益。完善土地租赁、转让、抵押二级市场。”

（2）研究建立城乡统一建设用地市场是贯彻落实2014年中央1号文件《关于全面深化农村改革加快推进农业现代化的若干意见》“引导和规范农村集体经营性建设用地入市，完善农村宅基地管理制度，加快推进征地制度改革”的需要。

（3）研究建立城乡统一建设用地市场成果，有利于为建立城乡统一的建设用地市场提供理论依据、决策参考和政策性指导。

6.2.2 建立城乡统一的建设用地市场的理论基础和依据

6.2.2.1 建设用地的概念、城乡统一的建设用地市场的意义

A 建设用地市场概念的界定

我国土地分为三类：农业用地、建设用地和未利用土地。依照土地所有权的

不同，可以将建设用地分为城市国有土地与农村集体建设用地。农村的集体建设用地又可分为集体经营性建设用地、公益性公共设施用地、宅基地等三种类型。

宅基地是生活在农村的个人或者农户为了住宅用地而利用、占用原本属于集体的土地，包含建造过房屋或者打算建造房屋的土地、建造了房屋或者建造过房屋，但已经无法居住的土地、准备建造房屋的规划土地等三种形式。农村集体经济组织享有宅基地的所有权。宅基地本身就是国家对于农民的一种福利，具有无限期使用、无偿使用等显著特点，存量大概占农村建设用地的70%。公益性的公共设施用地是农村用于进行公共设施建设、创建公益事业所必需的土地，包括幼儿园、祠堂、学校、墓地、公用庄稼的晾晒场等，总体存量大概占农村建设用地的1/5。

农村集体经营性建设用地是指农村中进行生产的土地，囊括了集体经济组织为实现土地利用的整体规划而使用的土地，创办企业或和别人、单位以联营、土地使用权入股等形式共同创建企业、商业所使用的土地，如之前的农村供销合作社、乡镇企业等用地，总体存量大概占农村建设用地的1/10。用专业术语来说，农村集体经济建设用地就是在农村集体建设用地的存量中的商业服务、工矿仓储等土地，在城乡规划和总体规划中被定义成为经营性土地。

由于我国的建设用地分为国有建设用地和农村集体建设用地，相对应的建设用地市场就会分为城市国有土地市场和农村集体建设用地市场，而农村集体建设用地市场则主要指农村集体经营性建设用地市场。

因此，建立城乡统一建设用地市场，首先是要建立农村集体经营建设用地市场，在符合规划和用途管制前提下，允许农村集体经营性建设用地出让、租赁、入股，实行与国有土地同等入市、同权同价；而后实现城市国有建设用地市场与农村集体建设用地市场的统一。城乡建设用地的国家所有和农村集体所有，即“二元”制结构是建立城乡统一的建设用地市场的最大障碍。农村集体经营性建设用地出让、租赁、入股，若不能与国有土地同等入市、同权同价，建立城乡统一的建设用地市场就没法实现。

B　建立城乡统一的建设用地市场的意义

土地对于人类的重要意义不言而喻，是人类生存与发展的重要前提，承载了人们的物质生活。我国历来都是地少人多，因此要提高土地的利用率。我国经济的快速发展使得城镇化发展的速度不断加快，导致建设用地的规模不断扩大。不断被消耗的国有建设用地使得大量的农村集体建设用地被征用。市场经济的发展导致国有土地市场急速发展，土地产生了巨大的财政效益。这种效益让地方政府不断强制征收土地，肆意圈占农村的集体性土地。城乡土地的“二元结构”使得土地的供需矛盾不断激化。庞大的市场需求不断刺激农村集体建设用地的持有者。

但是与农村集体建设用地相关的规章制度却没有随之发展，大量农村集体建设用地的交易形式还是以隐形市场为主，不利于农村基地建设用地的健康发展。

我国针对农村集体建设用地的流转问题，在很多地区推行过试点工作，但收效甚微。这是因为目前我国对于土地管理的法律法规只是简单地出租、合作、入股等，没有真正形成规范的市场并产生实质的产权交易。党的十八届三中全会《中共中央关于全面深化改革若干重大问题的决定》提出，“建立城乡统一的建设用地市场”。在与规划、用途管制不相违背的前提下，农村集体经营性建设用地可以入股、出让、租赁，并和国有土地同权、同等入市。要不断规范征地程序，缩小征地的范围，不断建立和完善被征地农民的多元、合理、合规的保障机制。要不断扩大国有土地有偿使用的范围，减少划拨非公益性质的用地范围。构建起个人、集体、国家的土地增值收益的合理分配机制，保障个人收益的稳健提高，还要使二级市场的转让、抵押、租赁不断完善。所以，要针对目前城乡用地建设市场的问题和原因，找到积极的应对举措，从而保障城乡统一建设用地市场能够规范、有序发展，使城乡统筹稳步发展，进一步落实党的十八届三中全会的精神。

6.2.2.2 建立城乡统一的建设用地市场的参考模式

飞速发展的城市化和工业化进程不断推进，造成我国的城乡建设用地的二元结构制度问题重重。要想解决农村经济发展的困境，必须要进行土地制度的创新性发展。已有很多地区在政府的默许或者主导下开始深入研究，探求最佳的集体经济建设用地使用权的交易形式。芜湖、杭州、南海等地都在积极探索建设用地的入市模式。

A 芜湖模式

在完善农村集体建设用地入市方面，芜湖市做了如下几方面的工作：首先，只要是参与试点工作的乡镇都要仔细调整土地利用规划和集镇规划，把自己辖内的试点土地分为建设用地和农用地。其次，农民承包的集体土地经营权由村集体收回，重新签订“收回土地承包经营权协议”，还需要向农民支付相应的赔偿。再次，乡镇政府重新将土地承包经营权收回，乡镇政府为了重新归整土地而创建投资公司，还可以在这部分土地上发展工商业。最后，各大经济集体（县、乡、村等）按照一定的比例分配因土地所获得收益。

芜湖模式之所以具有突破性意义，就在于这种模式不改变原有的集体建设用地的所有权，而进入城市建设用地市场。

B 杭州模式

杭州模式有四层内涵：一是国家征用城市规划区里的土地，且发放集体留用地的指标。被征用土地的农民能够获得应有的补偿，且能获得征地数目的留用地指标。国家拥有这些土地的所有权，但集体拥有土地的使用权和经营权。二是农民集体可自由开发、经营、流转自己的留用地。农民集体可以使用征地的赔偿款开发留用地，也可以在控制经营范围的基础上，与其他单位共同开发留用地。三是农民集体只要缴纳相关的税费就可以获得其他留用地的经营收入，以赔偿失地农民的损失。四是管理留用土地的使用权要和管理其他土地使用办法保持一致。

杭州模式之所以能够成功，是因为能够在目前农地专用制度上调整征地双方的利益关系，让农民和农民集体都能获得收益，有效缓解城乡建设用地二元结构的内在矛盾。

C　南海模式

一是规划三个区域，依照不同的功能将集体土地划分为商住区、经济发展区和基本农田保护区。工商业建设所用的集体土地要符合土地利用规划，同意集体土地使用权的流转。

二是允许实行集体土地股份制，把集体土地、集体土地承包权、集体财产都以股份的形式，按照本村成员和户籍人口重新分配股权。农村集体统一规划、管理和经营全村的土地。

三是集体土地使用权可以借助出让、转让、出租等方式进行流转，农民集体可以组建专门的机构管理土地资产、建设厂房商铺、投资基础设施，并可以出租这些商铺和厂房以获取租金。

四是将土地收益归于农民集体。南海模式取得良好效果，经过十几年的发展已经成为集体建设用地入市的主要形式。

6.2.2.3 建立城乡统一的建设用地市场的理论依据

A　制度变迁理论

我国《土地管理法》并没有明确界定建设用地的流转、使用的范围，且对集体建设用地入市流转进行了限制。为了实现城乡一体化建设，我们要促进制度的完善。然而制度完善并不容易，需要衡量旧制度管理者和新制度的利益主体之间关系，需要考虑新制度所获得收益和投入的成本之间的比例。

农村集体建设用地的流转已经势在必行，但目前法律又不允许土地入市，在管理集体建设用地上还存在很多的问题，而且零成本、零税费的流转集体建设用地滋生了大量的隐形市场。农村集体建设用地的市场化配置所带来的好处大于弊端，所获取的收益也远高于成本，所以我国土地制度的发展必然在这种力量的推动下势不可挡。

B　城乡统筹理论

马克思主义的城乡统筹理论，特别是发展经济学的城乡统筹观、空间理论下的城乡统筹观都直接或间接地对城乡统筹、协同、一体化发展问题进行了论述和分析，为我国城乡统筹发展的实践提供了理论依据。1954 年刘易斯提出的“二元经济”模型比较深入地研究了城乡关系，主张建立以城市为中心的大型区域统一体，实现城乡之间的平衡。空间理论下的城乡统筹观更为深入地研究了城市与农村的相互关系及转变趋势。麦基的“城乡一体化发展”模式和岸根卓朗的“城乡融合设计”，提出了一种区域城乡融合的地域组织结构和城乡空间融合的社会。

党的十六大根据我国经济社会发展的阶段性特点，提出“统筹城乡经济社会发展，建设现代农业，发展农村经济，增加农民收入，是全面建设小康社会的重大任务。”十七大报告指出：“统筹城乡发展，推进社会主义新农村建设。解决好农业、农村、农民问题，事关全面建设小康社会大局，必须始终作为全党工作的重中之重。要加强农业基础地位，走中国特色农业现代化道路，建立以工促农、以城带乡长效机制，形成城乡经济社会发展一体化新格局。”

C　物权平等保护理论

在这个法制社会，最应该强调的就是平等，民法中不仅权利主体是平等的，同时法律地位也是平等的，当然《物权法》也不例外，因为物权法是民法的一部分。集体土地和国有土地拥有同等的法律地位，都是建设用地的重要组成部分，不能只把国有土地看成建设用地，在市场上自由流转，还要看到农村集体用地也能够自由交易。这意味着要破除集体建设用地只有使用权、国有土地享受处分权的老旧观念，维护农村集体建设用地的市场，让其享受法律上的平等地位和待遇，以利于推进城乡统一建设用地市场的形成。

D　土地产权理论

土地财产权利就是土地产权。土地产权就是关于土地财产的所有权利，涵盖土地所有权及相关联、相对独立的所有权利，如土地抵押权、土地所有权、土地继承权、土地使用权、地役权、土地租赁权等各种权利。国外市场比较看重土地交易，不管是以国有土地为前提的市场竞争还是以土地私有为前提的完全交易，都非常重视土地财产的权利。

土地产权理论为集体建设用地市场提供了法律保障，能够促进土地交易顺利进行，所以土地产权理论具有重要的指导意义。我们要清晰地界定土地产权，不论是交易费用为零还是为正值，都要保证土地资源的优化配置。

6.2.3 城乡建设用地利用状况及存在问题

6.2.3.1 城乡建设用地市场现状

建设用地市场主要是城市国有土地市场和农村集体建设用地市场两类，但是目前的基本情况却是更多地偏向国有建设用地市场，两种建设用地市场发展不平衡，国家忽略了对农村集体建设用地的完善和发展，使得农民不得不对其土地进行私下交易，造成农村集体建设用地市场秩序比较混乱。

国有建设用地市场目前分为使用权出让市场、使用权转让（出租、抵押、转让）和使用者间的土地使用权转让三级。由于国有建设用地市场已经发展的比较成熟，所以在这里不做过多的赘述。

农村集体建设用地市场的发展不完善，受到国家法律法规的限制，即农村集体建设用地不得买卖，只能被国家征收；加上我国管理制度在这方面的空缺，城乡之间区别对待，农民不能享受同城市居民同等的待遇，体现了地位上的不平等，不能真正了解他们对集体土地的需求是什么。这种差别对待导致了农村集体建设用地流转出现一些严重问题，例如“小产权房”问题，以及隐形市场中的流转，引起矛盾纠纷，影响社会稳定，不利于集体建设用地市场健康、有序发展。国家干预农村土地流转市场的发展，使得集体建设用地不能以市场的手段得到优化配置。

目前，在一些地方试行城乡统一的建设用地市场和土地增减挂钩试点。土地增减挂钩就是增加城市的建设用地要与减少农村的集体建设用地挂钩。一方面，社会经济的快速发展，城区面积迅速扩大，对土地的需求量大幅度上升；另一方面，农民进城打工，很多土地闲置，耕地出现撂荒现象，乡镇企业用地闲置、宅基地出现“空心村”等。

6.2.3.2 城乡建设用地市场存在的问题

A 建设用地市场存在的问题矛盾及其主要表现

农村集体建设用地市场与城市国有建设用地市场发展存在的不平衡状态，引发了一系列尖锐的问题：

（1）建设用地客体范围狭窄，供给主体混乱。根据我国相关法律法规可知，我国农村集体建设用地要想进入市场，就必须先从集体所有转为国有，这就导致“权属转性”成为我国农村建设用地的唯一出路。

（2）建设用地在市场化的过程中，地价不能显现，这主要是由建设用地价值信息不全造成的。我国的土地市场发育在特有国情影响下，未能像西方发达国家那样成熟，所以中介机构也没有得到充分发展，土地的定价评级工作无法在进行农村土地流转时得到有效开展，也就导致科学的价格标准体系无法在集体土地上建立起来，所以交易者很难在交易过程中获得相应的价格信息。信息的不对称性难以体现出土地交易的市值。

（3）交易平台及法律保障没有得到统一，土地流转秩序混乱。许多地方出于避开法律管制的目的，在集体建设用地的流转中会采取一些规避法律的行为。比如，一些地方在进行土地使用权的转让等行为过程中打着出租、联营的名义。这种行为扰乱了国有土地市场的正常秩序，严重冲击了国家的相关法律法规。

（4）流转收益中的农民收益无法得到保障。集体建设用地的流转，因为缺乏相应的法律法规保障而出现大量隐形交易，导致市场无法发挥监管作用，此外还存在分配方式模糊的现象，这些问题导致农民的利益在土地流转收益的分配中很难得到保障。

（5）“隐形”市场存在隐患，建设用地市场的管理监督欠缺。相关部门对于各地建设用地流转中的交易对象的审查不严，这是因为这些部门的审查标准、规定和规则等通常不够健全完善，无法落实，导致一系列违法违规行为的发生，进一步引发农村耕地保护工作和土地集约利用无法正常开展。

B　建设用地市场存在的法律问题及其原因分析

目前，城乡统一建设用地市场最大的障碍是，城乡土地二元制结构制度，产生上述各种问题根本原因来自我国城乡土地二元制结构。虚置的农村集体土地所有权，是城乡统一建设用地市场难以超越或逾越的大山。集体土地所有权涉及法律问题的原因有以下几个方面：

（1）产权界定的模糊并且具有不足之处。由市场经济理论可知，市场机制能否正常运行直接受到产权界定清晰与否的影响。我国农村集体建设用地的产权按照现行的法律、法规、规定是农民集体所有的，然而这里涉及一个抽象化的概念——农民集体，这导致权力主体在行使权力时变得模糊化，造成交易市场混乱。

（2）法律法规的滞后及缺位。关于建立城乡统一建设用地市场，《土地管理法》中许多条款都对其进行了限制。此外，对于集体建设用地直接入市，其他法律也进行了限制性规定，所以，转权是其进入的必要条件。

（3）市场配套体系和机构不健全。集体建设用地市场与国有土地使用权流转市场相比，一开始就在“畸形”中发展。

6.2.4　建立城乡统一建设用地市场的基本构想

经过十几年的探索，我国在集体建设用地入市方面收获颇多，这为建立城乡统一建设用地市场提供参考。

6.2.4.1　建立城乡统一建设用地市场的基本原则

平等、渐进有序和统一原则是建立城乡统一建设用地市场的基本原则。

首先，需坚持平等原则。国有土地、集体建设用地必须在多方面的分配上实行统一的标准，具体包括土地税收、相关税费等方面，待遇上做到平等对待。党的十八大明确表示，在符合规划和用途管制前提下，对于农村集体经营性建设用地是允许其进行出让、租赁、入股的，而且在入市方面享有和国有土地相同的权利、相同的价格。

其次，渐进有序的原则是建立城乡统一建设用地市场必须坚持的原则。城乡统一建设用地市场的建设要和维护城市建设用地市场秩序与国家耕地保护政策结合在一起，不能盲目推进，要渐进有序。对于集体土地转化为建设用地，不能武断地允许农民一窝蜂地进行，应该基于政府制定的土地利用规划，并实施最严格的土地用途管制政策。对于城乡统一建设用地市场的建设，应采取分步有序推进方式。

最后，需坚持统一原则。集体土地和国有土地在城乡统一建设用地市场建设过程中应统一监管，采取无差别的统一的用途管制，然后将其纳入统一的市场监督体系。

6.2.4.2 建立城乡统一建设用地市场的三个基本标准

以下是对建立城乡统一建设用地市场的初步设想。

（1）统一入市标准。实行严格的土地用途管制制度，这项制度要基于统一的土地利用规划。只要符合土地利用规划，不管是国有土地还是集体土地就都拥有进入城市建设用地市场的资格。相关部门要严格审核、登记，打击违法行为。

（2）统一补偿标准。这是出于使政府征地在可控范围内的目的。政府有权实行征地权，但是要注意的是，集体与国有土地需要统一补偿标准。

（3）统一监管体系。集体与国有土地应该纳入统一的市场监督体系。

6.2.4.3 建立城乡统一建设用地市场的关键

以下几个问题是在建立城乡统一建设用地市场过程中，应该加以注意的。

A　编制科学合理的城乡土地利用规划

要控制非农业建设占用农用地，严格保护基本农田；对于各类、各区域用地，要进行统筹安排；提高土地利用率；保持占用耕地与开发复垦耕地的平衡性；保障土地的可持续利用，注意生态环境的保护。各级人民政府应组织编制土地利用规划，可以土地供给能力和建设对土地的需求、国民经济和社会发展规划等为依据。对于不同编制主体，土地利用规划分类也不同，全国和省级编制的为宏观控制性规划，县乡编制的为实施性规划。

基于确保耕地总量动态平衡的前提，对于城镇建设用地规模进行控制，对各类用地进行统筹安排是前者的主要任务。后者的任务主要是具体确定每一块土地的用途，对于规划目标、规划期限、规划范围等内容进行社会公告，公告的方式可采取张贴布告、电视广播、设立公告牌等形式。

B　明确界定“公共利益”的范围，缩小征地范围

要按照《宪法》规定的精神，将征地界定在公共利益范围内，逐步减少强制征地数量，从源头上减少征地纠纷的产生，同时也为建立农村集体经营性建设用地市场留出充足空间。

规范征地程序，就是通过完善征地审批、实施、补偿、安置、争议调处裁决等程序，强化被征地农民的知情权、参与权、收益权、申诉权、监督权，进一步规范和约束政府的征地行为，防止地方政府滥用征地权。

完善对被征地农民合理、规范、多元保障机制，就是从就业、住房、社会保障等方面，采取综合措施维护被征地农民权益，使被征地农民生活水平有提高、长远生计有保障，确保社会和谐稳定。

C　明确农村集体土地的所有权主体

（1）制定农村集体经济组织法，应当明确农村集体经济组织是对村集体所有的土地和其他资产享有全面经营管理权的组织。农村集体经济组织的资产属于本集体经济组织范围内全体成员集体所有。农村集体经济组织代表农民集体行使土地所有权的经营、管理权。

（2）制定农村集体经济组织法，应当明确农村集体经济组织具有民事法律主体地位或法人资格。主要职权有：决定农村集体经济组织的重大事项包括土地使用权分配和农用地发包、自留地和宅基地的调整、土地征用和征收等；审议批准董事会的报告；对本农村集体经济组织的分立、合并做出决议；决定经济分配方案和通过新成员接纳决议等。

（3）明确农村集体经济组织的董事会，是农村集体经济组织管理机构。董事会的主要职权有：负责召集村集体经济组织成员大会，并向其报告工作；执行村集体经济组织成员大会的决议；负责村集体经济组织的日常经营、管理工作等。

6.2.5　对建立城乡统一建设用地市场的决策建议

打破二元土地结构的局面，建立城乡统一建设用地市场就必须做到两个统筹：统筹城镇建没用地与农村集体建设用地和宅基地，统筹增量建设用地与存量建设用地；实现四个统一：实行统一规划，遵循统一规则，建设统一平台，强化统一管理，形成统一、开放、竞争、有序的建设用地市场体系。针对我国城乡建设用地市场的实际提出以下几点决策建议。

6.2.5.1　制定总体发展规划

科学规划必不可少。对于建立城乡统一建设用地市场的总体规划如下：一是正确把握发展态势。在发展经济过程中，不能忽略对于生态环境的保护，对于可利用的土地资源也要加以保护，以保证农民拥有足够的耕地，只有这样才有可能守住全国18亿亩耕地红线。二是针对范围方面，要控制建设用地使用范围。根据我国实际情况可知，农村的集体收益要远低于城市的收益，如果在建设用地的使用范围方面没有进行明确的规定的话，将可能出现大规模农村集体土地向国有土地转变的现象，这不利于社会和谐，可能导致城乡统一建设用地市场出现混乱。

三是在规划编制时，要鼓励民众积极参与其中，应听取民众意见或建议。这样可以让民众在这一过程中进行监督，有利于保护民众的参与权，从而促使总体规划更科学合理。

城乡统一建设用地的总体规划制定存在不可取代的重要作用：可以进一步促进建设用地市场的各主体保持平等地位，保证集体建设用地有着和国有建设用地同等进入市场交易的权利。此外，对于建设用地的使用范围，对总体规划进行了明确规定，这有利于城乡统一建设用地市场的良好发展。

6.2.5.2 完善农村土地产权制度

首先，明确集体土地所有权主体。应当明确农村集体经济组织是对村集体所有的土地和其他资产享有全面经营管理权的组织。农村集体经济组织的资产属于本集体经济组织范围内全体成员所有。农村集体经济组织代表农民集体行使土地所有权的经营、管理权。各地可根据本地实际情况以及风俗习惯对农村集体组织成员资格进行合理界定，发放相关凭证，实行“按份共有”。

其次，赋予集体土地更为完整的所有权权能。产权体现人们之间相互的关系，它随着市场交易的深入发展而不断细化并派生出新的权利。进一步扩大农村集体土地的权能，不仅允许以土地承包经营权进行抵押、担保，而且赋予了农村集体经营性建设用地与国有建设用地平等地位和相同的权能。按照党的十九大的决定“在符合规划和用途管制前提下，允许农村集体经营性建设用地出让、租赁、入股，实行与国有土地同等入市、同权同价”“完善土地租赁、转让、抵押二级市场”，为建立城乡统一的建设用地市场提供了制度保障。

6.3 农村宅基地制度改革的法治研究

党的十九届三中全会决议指出：“保障农户宅基地用益物权，改革完善农村宅基地制度，选择若干试点，慎重稳妥推进农民住房财产权抵押、担保、转让，探索农民增加财产性收入渠道。建立农村产权流转交易市场，推动农村产权流转交易公开、公正、规范运行。”深入研究农村宅基地制度改革是贯彻落实党的十八届三中全会决议精神的需要。宅基地有广义的和狭义的两种。

广义上的宅基地为全部用来居住和使用的房屋所占的土地，属于国家和集体的土地上所有的住宅占用的土地都包含在里面；狭义上的宅基地仅仅指农村居民在集体所有土地上建造房屋所占的土地，这是分配给农民，让他们居住用的土地以及附属用的土地，主要是为了满足集体经济组织内部成员对居住、生活和对家庭副业生产的需求。

近年来，随着我国经济的不断发展，我国农村经济取得了巨大进步，农业不断发展，农民的收入越来越高，他们的生活水平、基础设施的条件也比原来好了很多，居住环境在一定的程度上得到了改善，城镇化、新农村建设取得了巨大成就，但是，广大农村依然还存在着一些与新农村建设要求不协调的现象，特别是农村宅基地问题中的“空心村”现象，宅基地非法挤占耕地问题，宅基地非法流转问题等尤为突出。因此，加强对农村宅基地问题的研究，分析其产生的原因，依据法治理论提出解决的途径和办法是十分必要的。

6.3.1 宅基地的概念、取得条件和基本现状

6.3.1.1 农村宅基地的概念

农村宅基地，也称自留居住地，是指农村居民根据法律的规定，集体拥有所有权，农民只有使用权，用于建造生活居住房屋的土地。宅基地有三种类型：一是建了房子的土地；二是建过房子但没有上盖物的土地；三是不能用来生产而准备建房用的土地。一般情况下，作为农民的私有财产，住宅和土地是不可分割的，应当可以继承、转让和买卖。但是，根据我国现有法律法规，宅基地的性质是属于集体公有，农民只有使用的权利，所以宅基地不得用来买卖，也不得作为抵押物。农民基于法定程序取得的宅基地受法律保护，农民的宅基地使用权不得受到任何单位和个人的侵害。

6.3.1.2 农村宅基地的取得条件

农村居民建住宅需要用宅基地的话，必须要向所在的集体经济组织递交申请，申请必须要符合三个条件：一是因为有子女要结婚等需要分家，没有宅基地的；二是从外地来的人想要变成本集体经济组织的一员，但没有宅基地的；三是由于自然灾害、规划村庄和集镇等原因需要迁移的。但是，如果农村村民有下列情形之一，不予批准使用宅基地：年龄未满 18 周岁的、原有宅基地的面积已经达到规定标准或者能够解决分户需要的、出卖或者出租村内住房的。

6.3.1.3 农村宅基地的基本现状

随着我国经济水平的不断发展，城市化进程的加快，我国城市建设用地迅速扩张。城市建设用地的土地资源越来越紧张。而城市规模的不断扩张导致近郊的农村集体土地不断纳入城市土地中来。我国农村人口本来就存在基数大、新增人口快速增多的状况，因此，改善住房条件就成为我国农民的头等大事。

十多年来，一些农村不断扩张，随着农民工进城人数的剧增，出现了不少“空心村”“村中村”，宅基地闲置，土地资源浪费。中国科学院寒区旱区环境与工程研究所苏珍研究员在对河南省平舆县的调查后指出，农村宅基地存在面积严重超标、居民点布局混乱、“空心村”现象严重、村容较差以及违法用地现象普遍等问题。四川大学经济学院韩立达教授通过对四川省农村宅基地调查后认为，四

川省的农村宅基地存在着管理不规范、利用粗放、农民对宅基地产权概念认识模糊、隐形交易市场等问题。温州市国土资源局赖红松以浙江省温州市为例子，明确指出了宅基地在复耕当中存在着新增耕地面积虚报、土壤质量差、宅基地复耕后出现违法重建、弃耕抛荒的现象等问题。

6.3.2 我国农村宅基地存在的主要问题

6.3.2.1 立法层面存在的主要问题

A 土地管理制度存在法律间的矛盾

我国《土地管理法》第62条明文规定，在我国农村，每户村民应该根据国家的相关规定，得到一定标准面积的宅基地，而且每户村民只能取得一处宅基地。但是统观现实中的农村，却普遍存在“一户多宅”的现象，也有农村中某些村民故意抢占得来的。1995年出台的《国家土地管理局确定土地所有权和使用权的若干规定》指出：“继承房屋取得的宅基地，可确定集体土地建设用地使用权。”由以上我们可以得知，宅基地的使用权具有继承的特点。

B 宅基地的管理缺乏系统和权威的法律体系

现存的《物权法》《土地管理法》《民法通则》等是针对宅基地方面的法律法规。针对农村宅基地而言，这些法律法规显得调控力度明显不足，达不到适应现实的效果。为了更好地调整农户房屋建设，1993年国务院颁发了《村庄和集镇规划建设管理条例》。在国家土地管理局颁布的《关于加强农村宅基地管理工作的指示》中，尽管在调整农村宅基地的使用方面做出了极大调整，但是其效力却不能达到很高的层次，也没有明确规定农民宅基地的流转和登记事项。在现实的操作过程中，基本上都是通过各级地方政府来完成相关调控，但是这种调控并没有一个统一的标准。

6.3.2.2 管理方面存在的主要问题

A 登记制度不完善

纵观我国农村的宅基地登记现状，有关行政管理部门不但承担着登记土地的职责，而且也可以审批农村宅基地，在对农村宅基地进行登记的时候，也会对农村宅基地进行审批。有学者认为，审批又登记，本身又是行政机关，容易滋生腐败，以权谋私。故登记机关应与行政机关脱离为好。当然，这也是值得进一步研究的问题。

由于现行法律严格限制农宅及宅基地使用权的自由流转，故谈论因事实上农宅发生买卖、交换、抵押而需要登记的问题就显得缺乏现实性。但有一个问题仍有必要讨论，即村民因继承等事实行为而取得宅基地使用权时，“登记”的效力如何认定。在对待物权变动登记这一问题上，“登记生效主义”和“登记对抗主义”是目前存在的两种不同争议。“登记生效主义”认为，当人们对物权进行登记，就说明具有了法律效力；而“登记对抗主义”认为，尽管对物权进行了登记，并不能说明就具有法律效力。学者们的意见是，对于依法律行为而发生的物权的变动，应采取“登记生效主义”的物权变动模式；对于非依法律行为（事实行为，如继承行为）而发生的物权的变动，应采取“登记对抗主义”的物权变动模式。主要原因是法律规定继承是合法的，在《中华人民共和国继承法》中有明确的条文规定，当被继承人离世之后，具有继承权的人就有权利继承其遗产。在没有登记过户时，房子就有可能成为无主财产。

B　缺乏必要的监督机制

在农村宅基地的登记过程中，普遍存在执行力度不够的现象。这样就给农村宅基地的使用权蒙上了一层人情和利益并存的阴影，进而使得宅基地分配不能符合广大农民的利益。另外，现实当中的监督机制很不完善，从一定程度上反映出，在一些地方的村干部中，普遍缺乏必要的法律意识，对我国宅基地的审批制度不了解，更缺乏必要的监督机制。

C　宅基地规划滞后

在我国的农村现状中，存在较为普遍的现象是，对村镇的规划不到位，村镇的建房不规范，这样就导致我国新农村建设质量不高。虽然村镇已经制定了相关土地利用总体规划，但是并不具备科学合理性，基本上收不到良好的效果。究其原因应该是农民的耕作方式、思想意识及生活习惯使然。故此，虽然有相应的规划存在，可农民建房的时候基本上忽视了它的存在，依然到处乱建。另外，一些农村的农民分布松散，缺乏必要的基础设施，进而导致自然环境不好，村民的居住环境很差。

6.3.2.3　使用制度存在的主要问题

A　无偿使用造成宅基地利用效率低下，闲置、超标现象严重

在我国针对农民宅基地的管理中，基本上存在宽容的态度，本着每位农民都有居所的原则，1993 年中央《关于涉及农民负担项目审核处理意见的通知》首先取消宅基地使用收费，在一定程度上加剧了农民私占宅基地的现象。在农村，经常出现没有经过法律的允许便私建房屋，在没有退掉老房的情况下，继续建设新房，还有一些村干部私自圈占宅基地，使得我国农村宅基地的管理非常乱。

B　宅基地使用过程中耕地流失严重

在我国的农村，每位农民的心中都想拥有一个称心如意的宅基地，所以实现这个愿望的方式就是在承包土地上打主意。在我国的法律条文中，只要是占用农

用土地的，就应该经过相关手续，在法律允许的范围内使用。然而，实际操作中，给使用的农用耕地办理相关手续的很少，农用耕地在不断地被占用。承包的土地转让、互换或者转包给他人是法律所允许的，这就从一定程度上使得农民在耕地上建房有了可变通的途径。但是从事实情况来看，建造房屋并不是在所有的耕地上都可以。

在农村，如果有承包土地的人看中了一块耕地便于建房，就会想尽办法通过其他的土地来换取，这就有可能使得拥有便于建房耕地的人为了熟人的面子而牺牲自己的耕地，这种情况使农村宅基地面积增加，而耕地面积减少，造成耕地大量流失。

6.3.2.4 产权制度方面存在的主要问题

A 宅基地产权主体虚置

按照我国相关法律条文，农村宅基地的所有者是乡镇集体、村集体和村组集体，但是相关法律条文并没有规定农村宅基地归属于哪一级集体所有，这样就使得农村宅基地的产权不明晰。当农村宅基地在归属权上遇到国家的征收权力时，农村集体所有权就显得微乎其微，国家还是掌握着集体土地的所有权命运。在这样的现实情况下，虽然农村的土地所有权在一定意义上有其自主权，但是各级政府为实现土地财政还是可以通过强制征收，使农村集体土地所有权失去应有的产权意义，没有城市国有土地那样的公平待遇。也就是说，集体土地所有权只能以征收方式向国家转移，在所有权主体转变后的利益分配上农村集体处于弱势地位。

B 宅基地产权残缺

在我国的《物权法》中有明确的法律条文，指出农村宅基地使用权是一种用益物权，然而，现实中农户并没有相应的转让、抵押权，基本上不能够作为市场主体对其宅基地使用权进行流转。我国法律规定，集体土地所有者既不能流转其所有宅基地用于非农业建设，也不得擅自改变土地用途，向非农用地者提供土地使用权须经人民政府审批等，这使得宅基地所有权不完整，处置权被弱化。而实际上，农村宅基地流转的隐形市场却大量存在。

6.3.3 我国农村宅基地问题产生的原因

6.3.3.1 城市化进程的加快

近年来，在改革开放和相关农村农业政策的指导下，我国开始加速城镇化，大批农民走出农村，走向城市打工，长时间在城市生活，很多农民已经在城市中拥有了自己的居所，不再考虑回乡居住，这样就导致农村大量的宅基地闲置，甚至在我国农村的一些地方出现了“空心村”现象。同时，很多农民工在城市中挣到一些钱，就在乡村修建新房，原来的宅基地废置下来，这样宅基地的面积变得越来越大。有关数据显示，经过几十年的发展，我国已经成功转变2亿~3亿人口的农民，这些农民都在城市拥有了自己的住所，不再回乡村居住，这样就导致我国大量的农村宅基地闲置起来，有的农村宅基地空置率甚至达到30%以上。我国的法律规定禁止流转宅基地，但是经济的发展使农民走向城市，城市人口的增加，必然导致城市住房需求量增加，这就使得在城乡接合处，大量的宅基地开始流转。在当前农村房屋升值、房屋拆迁可获得大量补偿款的现实情况下，农村房屋买卖纠纷不断出现，引发了不少法律纠纷。

6.3.3.2 立法规范的不明确和不完善

《土地管理法》第63条指出："农民集体所有的土地使用权不得出让、转让或者出租用于非农业建设。"第43条也明确指出："任何单位和个人进行建设，需要使用土地的，必须依法申请使用国有土地。"由此看来，农村集体土地只有征收为国有的土地才能用于流转。房屋和宅基地是相互关联在一起，不能分开的，对房地产流转实行"强制混合处分"，规定"地随房走""房随地走"，是《城市房地产法》的严格规定。但现实的情况是，农村中的房屋是农民的自有财产，不属于集体也不属于他人，农民完全有权力转让、出租或者作为抵押；但是宅基地不是农民的私有财产，它是属于集体所有，农民是不能擅自转让或者流转的，只能用来使用。这样就造成农村中的房屋和宅基地之间出现了不可逾越的矛盾，法律规定限制了农村房屋的自由交换。

6.3.3.3 宅基地制度缺乏流转与退出机制

宅基地制度缺乏流转与退出机制，一方面，使得那些长期进城务工人员原有的宅基地处于闲置状态；另一方面，由于宅基地的取得是基于集体成员身份福利分配而无偿取得，一些地方只要家中儿子成家就能取得一处宅基地，这样，新宅基地不断增加，老宅基地即使老人去世也不退出。还有些人进城买房，城市住房和农村宅基地两头占，造成农村宅基地闲置，土地资源浪费。产生这些现象的根本原因，就是我国宅基地制度缺乏流转与退出机制。

6.3.3.4 地方土地管理部门的监管不力

《关于加强农村宅基地管理的意见》明确规定了"三到场"制度。"三到场"一是指申请宅基地以后，要到场认真审查申请人符合不符合申请的条件、拟用的土地是不是符合规定等；二是根据法律规定批准宅基地以后，需要到现场去测量宅基地；三是指建成村民住宅的房屋以后，要到场认真检查宅基地使用的面积和要求是不是符合规定的标准。宅基地"三到场"管理工作是一个长期的、系统的社会综合工程。《关于加强农村宅基地管理的意见》还规定了要加强日常监督管理的制度。各个地区都要加强对农村村民住宅建设用地的日常监督管理，完善动态检查体制，及时发现那些违法的现象并进行解决。在实际的工作中，建立完善的动态检查体制的地方不多。

6.3.4 解决我国农村宅基地问题的法治途径和方法

6.3.4.1 建立农村宅基地使用权的强制登记制度

我国公民住房的土地使用权是一项重要的物权，这关乎每家每户的利益。城市居民的住房土地使用权是有时间期限的，而且采取了强制登记的制度，而农村宅基地使用权的登记情况是随意的。所以，很有必要加强农村宅基地使用权的法律制度，可以学习城市住房的标准，对农村宅基地使用权实行强制行登记的办法。建立这一制度，可以明确农村宅基地使用权人的权利；同时也可以在宅基地使用权发生流转的时候，很清楚地区分流转双方各自得到的相关权利，就确保了农村房屋交易的安全及第三方的权益。建议由县级人民政府的土地管理部门作为登记机关。

6.3.4.2 逐步实行农村宅基地有偿有期限使用制度

首先，要对新批准使用的宅基地实行有偿有期限使用制度。对于宅基地使用期限要有法律明确规定。宅基地的使用权没有时间限制，源于对农民的一种福利和宅基地上的房屋及其附着物财产权的永久性保护，但现在《物权法》明确用益物权的他物权时，就应当是有期限的，不能像所有权一样具有永久性物权。宅基地无期限使用就会导致有房屋存在，就一直有使用权的问题。有的人由于继承或受赠有几处房产闲置，导致土地资源的浪费。所以，要想解决农村宅基地在使用权上出现的很多有关法律问题的有效方法，就要明确规定农村宅基地使用权的时间限制。可以根据城市国有土地上的住房土地使用权期限的标准，规定农村宅基地使用权的年限为 70 年，时间从农民获得申请宅基地批准算起。

其次，要对现有空闲宅基地实行有偿使用。法律规定了宅基地可以没有时间期限的使用而且还是无偿的，所以，农民对宅基地的使用没有成本约束。对土地的使用效率不予考虑。由于城市化进程的加快，一些农民在城市购买住房，导致农村宅基地出现闲置。基于此现象，我国应在做到保障宅基地社会保障功能的同时，对空闲的宅基地实行有偿使用，收取一定的土地使用费。

最后，对于超过宅基地标准的部分，采用相应的有偿使用制度。对于宅基地，进行一家一户的调查、规划和管理，清楚地掌握每家宅基地的面积及使用情况，合理地对土地进行规划。对于面积不超过法律规定标准的，可以继续无偿使用；对超过规定的标准宅基地，根据超出面积的大小进行有偿收费。采取这样的措施，不是为了增加农民的经济负担，而是对违法占用宅基地的人进行相应处罚，这符合市场经济发展的规律，有利于保护土地的使用和更好地利用土地。对一户人家有多个宅基地的、超过规定标准建设的房屋，可以让他们缴纳一定的使用费用，一户多宅的超标准建筑，可实行有偿使用，交纳相应的有偿使用费；对于超占的土地，可以按照面积的大小进行收费处理。

6.3.4.3 建立农村宅基地使用权有偿转让与有偿退出机制

2007年《物权法》规定，宅基地使用权的取得、行使和转让，适用土地管理法等法律和国家有关规定；已经登记的宅基地使用权转让或者消灭的，应当及时办理变更登记或者注销登记。但是现行《土地管理法》对宅基地使用权是禁止转让的（第63条），《担保法》规定宅基地使用权不得抵押，2008年中华人民共和国住房和城乡建设部出台的《房屋登记办法》规定，申请农村村民住房所有权转移登记，受让人不属于房屋所在地农村集体经济组织成员的，除法律、法规另有规定外，房屋登记机构应当不予办理（第87条）。这就将农村村民住房所有权（宅基地使用权）的交易范围限制在本村。2007年中华人民共和国国务院办公厅《关于严格执行有关农村集体建设用地法律和政策的通知》明确规定，农村住宅用地只能分配给本村村民，城镇居民不得到农村购买宅基地、农民住宅或“小产权房”。因此，要建立农村宅基地使用权有偿转让与有偿退出机制，就必须修改现行法律。

2015年11月，中央发布了《深化农村改革综合性实施方案》，提出宅基地制度改革基本思路，包括“保障农户依法取得的宅基地用益物权”（使用权与收益权），“探索宅基地有偿使用制度和自愿有偿退出机制”（转让权与收益权），“探索农民住房财产权抵押、担保、转让的有效途径”（金融功能与转让权）等，这些提法为下一步探索建立农村宅基地使用权有偿转让与有偿退出机制打下了良好基础。

参考文献

[1] 陈小君 . 农村集体土地征收的法理反思与制度重构 [J]. 中国法学，2012（1）：33~44.

[2] 孙宪忠 . 物权法 [M]. 北京：社会科学文献出版社，2005.

[3] 刘斌章 . 新型城镇化背景下我国农村土地制度改革与创新 [J]. 山西农业科学，2016，44，（8）：1223~1227.

[4] 杨璐璐 . 征地补偿政策背景的收益差异与现实取向 [J]. 江西财经大学学报，2015（4）：81~91.

[5] 周其仁 . 产权与制度变迁 [M]. 北京：社会科学文献出版社，2002.

[6] 《中共中央关于全面深化改革若干重大问题的决定》辅导读本编写组 .《中共中央关于全面深化改革若干重大问题的决定》辅导读本 [M]. 北京：人民出版社，2013.

[7] 邓小平. 邓小平文选 [M]. 北京：人民出版社，1993.

[8] 徐汉明. 中国农民土地持有产权制度研究 [M]. 北京：社会科学文献出版社，2004.

[9] 杨璐璐. 农村土地制度改革的产权创新与制度重构 [J]. 改革，2014（5）：48~50.

[10] 罗夫永. 改革开放以来我国农村土地经营制度的反思与重构 [J]. 新疆社会科学，2007（3）：25~29，113.

[11] 田爱民. 农村土地制度改革 : 农民土地利益格局重构 [J]. 中共贵州省委党校学报，2011（1）：86~88.

[12] 徐俊忠. 深刻领会习近平同志关于深化农村土地制度改革的重要论述 [J]. 红旗文稿，2017(15):21~24.

[13] 房绍坤. 公益征收法研究 [M]. 北京：中国人民大学出版社，2011.

[14] 黄建水. 城乡一体化发展中的农村土地制度改革研究 [M]. 北京：中国农业出版社，2012.

[15] 杨昕. 土地制度变迁过程中的农村社会保障问题研究 [M]. 上海：上海社会科学院出版社，2012.

[16] 袁震. 我国城镇化进程中农村土地制度改革的理论与实践 [M]. 北京：法律出版社，2014.

[17] 王立争. 新时期农村土地承包制度改革的法律探索 [M]. 北京：中国政法大学出版社，2013.

[18] 张郁达. 中国城镇化进程中的农村土地制度改革 [M]. 北京：知识产权出版社，2011.

[19] 张娟峰，刘洪玉，贾生华. 集体建设用地使用权市场发育模式对比分析 [J]. 经济体制改革，2009（6）：76~80.

[20] 黄建水. 农村土地承包经营权流转制度立法研究 [J]. 河南大学学报 ,2011,51（1）：45~53.

[21] 赵艳霞，李莹莹 . 乡村振兴中宅基地“三权分置”的内生变革与路径研究 [J]. 财经理论研究，2018（5）：1~8.

[22] 丁关良. 农民的土地承包权与农户的土地承包经营权辨析 [J]. 宁波职业技术学院学报，2004（3）.

[23] 崔健远，陈进. 土地储备制度的现状与完善 [M]. 北京：中国人民大学出版社，2014.
[24] 田峰. 我国土地收购储备中的物权问题研究 [M]. 吉林：吉林大学出版社，2011.
[25] 张鹏. 当前农村集体经营性建设用地制度改革若干构想 [J]. 苏州大学学报，2014，35（3）：76~84.
[26] 郭洁. 集体建设用地使用权流转市场法律规制的实践研究 [M]. 北京：法律出版社，2013.
[27] 苏航，王恒. 2014 年节约集约用地政策述评 [M]. 北京：中国社会科学出版社，2014.
[28] 郑义，刘杨. 缩小征地范围与集体经营性建设用地流转衔接机制研究 [J]. 中国国土资源经济，2015，28（1）：25~28.
[29] 郑艳馨，孙昊亮. 浅析土地储备机构及其行为的性质 [J]. 当代法学，2003（9）：28~30.
[30] 王名扬. 英国行政法比较行政法 [M]. 北京：北京大学出版社，2016.
[31] 楼建波，张双根，金锦萍，等. 土地储备及土地一级开发法律制度 [M]. 北京：中国法制出版社，2009.
[32] 陈红霞. 中国城乡土地市场协调发展研究 [M]. 哈尔滨：哈尔滨工程大学出版社，2007.
[33] 韩松. 论政府公权力对农民集体土地所有权的侵害及其治理 [J]. 河南财经政法大学学报，2012，27（6）：103~111.
[34] 汪振江. 农村土地产权与征收补偿问题研究 [M]. 北京：中国人民大学出版社，2008.
[35] 刘国臻. 论我国土地利用管理制度改革 [M]. 北京：人民法院出版社，2006.
[36] 俞晓群，等. 我国城市土地储备模式研究 [M]. 北京：经济科学出版社，2015.
[37] 唐健. 征地制度改革的回顾与思考 [J]. 中国土地科学，2011，25（11）：3~7.
[38] 王洪平. 有效缩小征地范围的制度机制探讨 [J]. 烟台大学学报，2015，28（4）：29~38.
[39] 陈新民. 德国公法学基础理论 [M]. 山东：山东人民出版社，2001.